AUTOESTIMA

UM GUIA PRÁTICO

DAVID BONHAM-CARTER

AUTOESTIMA

UM GUIA PRÁTICO

Tradução de Janaína Marcoantonio

L&PM EDITORES

Texto de acordo com a nova ortografia.

Título original: *Self-Esteem – A Practical Guide*

Capa: Icon Books. *Adaptação*: Carla Born
Tradução: Janaína Marcoantonio
Preparação: Marianne Scholze
Revisão: Lia Cremonese

CIP-Brasil. Catalogação na publicação
Sindicato Nacional dos Editores de Livros, RJ

B697a

Bonham-Carter, David
    Autoestima: um guia prático / David Bonham-Carter; tradução Janaína Marcoantonio. – 1. ed. – Porto Alegre: L&PM, 2017.
    184 p. ; 21 cm.

    Tradução de: *Self-Esteem: A Practical Guide*
    ISBN 978-85-254-3633-7

    1. Autoestima. 2. Técnicas de autoajuda. I. Marcoantonio, Janaína. II. Título.

17-43333   CDD: 158.1
                     CDU: 159.947

© David Bonham-Carter, 2012

Todos os direitos desta edição reservados a L&PM Editores
Rua Comendador Coruja, 314, loja 9 – Floresta – 90220-180
Porto Alegre – RS – Brasil / Fone: 51.3225.5777
Pedidos & Depto. comercial: vendas@lpm.com.br
Fale conosco: info@lpm.com.br
www.lpm.com.br

Impresso no Brasil
Inverno de 2017

Sumário

Introdução: A jornada rumo à autoestima 9

1. **V**alorize-se 15

2. **A**ceite-se 51

3. **L**evante-se 88

4. **O**bserve-se 108

5. **R**epresente-se 138

Conclusão: Prosseguindo em sua jornada
rumo à autoestima 163

Apêndice: A Escala de autoestima de Rosenberg 167

Leituras recomendadas 170

Índice remissivo 171

Sobre o autor 175

"É a mente que o torna bom ou mau,
Que o torna infeliz ou feliz, rico ou pobre."

Edmund Spenser, *The Faerie Queene*
[*A rainha das fadas*], Livro VI, Canto IX

Introdução: A jornada rumo à autoestima

Autoestima e atitudes para consigo mesmo

Como seres humanos, fazemos julgamentos o tempo todo sobre o mundo em que vivemos, as situações em que nos encontramos e as pessoas com quem nos relacionamos. Se você tem baixa autoestima, faz julgamentos negativos *sobre si mesmo* grande parte do tempo. Você sente que não é bom o bastante ou que suas atitudes não são adequadas. Autoestima, portanto, está intimamente associada à percepção acerca de si mesmo e vai ao cerne da sua identidade. Neste livro, pretendo apresentar algumas ideias úteis sobre autoestima e como lidar com pensamentos negativos sobre si mesmo, de uma forma prática e informativa.

Diferentes tradições e culturas produziram suas próprias versões de autoconsciência e atitudes desejáveis para com o eu: o sábio chinês Lao-Tsé aconselhou, no *Tao Te Ching*, que dominar a si mesmo exige força; Sócrates, o antigo filósofo grego, conclamou: "Conhece-te a ti mesmo"; e René Descartes deu as boas-vindas à filosofia ocidental moderna com a famosa observação "Penso, logo existo". Ideias vindas das correntes filosóficas e técnicas de meditação hindus e budistas para observar a si mesmo ou "soltar" os pensamentos também foram adaptadas por autores de autoajuda britânicos e norte-americanos para lidar com a autoestima e outras questões.

Uma nova abordagem da autoestima — cinco ingredientes essenciais

Para oferecer uma nova abordagem à autoestima que seja fácil de seguir, separei os aspectos da construção da autoestima em cinco ingredientes essenciais, a cada um dos quais dedico um capítulo. Reunidas, as primeiras letras de cada ingrediente formam a palavra VALOR:

Valorize-se
Aceite-se
Levante-se
Observe-se
Represente-se

O **capítulo 1**, *Valorize-se*, apresenta técnicas que você pode usar para construir uma autoimagem positiva e para combater crenças limitantes que podem estar impedindo-o de desenvolver seu potencial.

O **capítulo 2**, *Aceite-se*, apresenta técnicas visando a desenvolver uma atitude de autoaceitação, colocando em perspectiva os pensamentos negativos sobre si mesmo em determinadas situações e lidando com a sensação geral de inadequação, se for isso o que você sente.

O **capítulo 3**, *Levante-se*, considera uma área que às vezes é subvalorizada em discussões sobre autoestima – cuidar bem da mente e do corpo, movimentar-se. Isso é importante porque, quase sempre, sua saúde física e mental estão intimamente relacionadas.

No **capítulo 4**, *Observe-se*, eu começo examinando as possíveis causas da baixa autoestima e passo a ilustrar como você pode construir sua própria compreensão e consciência acerca de si mesmo, sua identidade e sua personalidade de maneiras saudáveis que ajudem a lidar com vozes negativas do seu passado ou presente.

O **capítulo 5**, *Represente-se*, vai ajudá-lo a desenvolver a capacidade de ser assertivo e a melhorar outras habilidades de comunicação nos relacionamentos. Então, a conclusão do livro traz sugestões de como continuar avançando com base nas partes mais relevantes do que você aprendeu com o acrônimo VALOR, transformando-o em um plano significativo para uso pessoal.

Um guia prático para a autoestima

Este livro foi concebido como um guia prático. Em cada capítulo ofereço dicas para você seguir e exercícios para praticar a fim de desenvolver o aspecto da autoestima que está sendo discutido. Também apresento estudos de caso para ilustrar de que modo indivíduos em situações específicas poderiam aplicar as técnicas apresentadas. Ao compilar os estudos de caso, tomei por base minha experiência profissional como coach de vida trabalhando a autoestima das pessoas, bem como minhas próprias experiências pessoais e relacionamentos. As pessoas nos estudos de caso não são indivíduos reais, mas seus dilemas e esforços refletem preocupações e maneiras de agir comuns entre as pessoas que conheço ou com as quais trabalhei.

A maioria dos exercícios e das técnicas que descrevo no livro segue uma abordagem de resolução de problemas. Eu discuto uma questão que pode criar dificuldades para a sua autoestima e então explico técnicas que podem ajudá-lo a lidar com essa questão de uma maneira construtiva, usando os estudos de caso para ilustrar como aplicá-las.

Terapia cognitivo-comportamental (TCC)

Estamos vivendo um período empolgante no campo do autodesenvolvimento. Nos últimos tempos, houve uma grande mudança nas abordagens terapêuticas, com muitas pessoas rejeitando as velhas explicações psicanalíticas sobre o que move as ações e os sentimentos dos indivíduos e abraçando psicoterapias práticas, baseadas em pesquisas, que focam em lidar com pensamentos negativos, distorcidos ou debilitantes de maneira construtiva.

As abordagens que descrevo neste livro para cada um dos cinco ingredientes essenciais da autoestima resumidos no acrônimo VALOR se baseiam fortemente nas ideias de uma das mais reconhecidas abordagens práticas de terapia e autoajuda de nossos dias: a terapia cognitivo-comportamental – ou TCC, como é popularmente conhecida. A TCC apoia-se na crença de que o modo como pensamos influencia nossas ações e nossos sentimentos e que, ao corrigir ou modificar crenças distorcidas, errôneas ou exageradas, podemos alcançar sentimentos mais equilibrados. Há um volume considerável de pesquisas indicando que a TCC é particularmente útil para uma gama de questões envolvendo padrões de pensamento negativos, como ansiedade e depressão. A baixa autoestima pode ser um fator na depressão, e aplicar técnicas de TCC pode nos ajudar a lidar com ela.

Felizmente, a TCC não é uma ciência exata. Neste livro, espero mostrar como observações e ideias práticas, junto com outros conceitos e ferramentas úteis, podem ser usadas para lançar luz sobre questões associadas à autoestima e também para construí-la e manter em perspectiva os problemas relacionados à baixa autoestima.

Na jornada rumo a um nível razoável de autoestima, abordaremos uma série de ideias diferentes sobre o que ela é e o que é mais importante ao lidar com ela. Alguns dos que contribuíram para o debate sobre a natureza da autoestima enfatizam um de seus aspectos à custa de outro, o que você perceberá se investigar alguma das referências sugeridas como leitura complementar no final deste livro. Neste guia prático, procurei apresentar ideias importantes sobre autoestima de modo a formar um todo coerente baseado nos cinco elementos essenciais do acrônimo VALOR. Meu objetivo foi tentar ilustrar ideias e teorias de uma forma simples e clara para mostrar como elas podem ser imediatamente aplicadas na prática, fornecendo um caminho a seguir caso você esteja interessado em melhorar sua autoestima ou seja um profissional trabalhando com pessoas para que melhorem a delas.

EXPERIMENTE AGORA!

O primeiro passo em sua jornada é avaliar o estado atual da sua autoestima. Você pode encontrar várias ferramentas de avaliação diferentes para ajudá-lo com isso. Uma das mais reconhecidas é a Escala de Autoestima de Rosenberg. Responda às perguntas do questionário para começar o processo de refletir sobre, ou melhorar, sua autoestima.

A Escala de autoestima de Rosenberg

A seguir há uma lista de afirmações sobre os sentimentos gerais acerca de si mesmo. Para cada afirmação, se você concorda plenamente, circule CP. Se simplesmente concorda, circule C. Se discorda, circule D. Se discorda plenamente, circule DP.

1. "Sinto que tenho valor, pelo menos tanto quanto outras pessoas."
   CP   C   D   DP

2. "Sinto que tenho uma série de boas qualidades."
   CP   C   D   DP

3. "De modo geral, tendo a achar que sou um fracasso."
   CP   C   D   DP

4. "Sou capaz de fazer coisas tão bem quanto a maioria das outras pessoas."
   CP   C   D   DP

5. "Sinto que não tenho muito do que me orgulhar."
   CP   C   D   DP

6. "Adoto uma atitude positiva para comigo mesmo."
   CP   C   D   DP

7. "De modo geral, estou satisfeito comigo mesmo."
   CP   C   D   DP

8. "Eu gostaria de ter mais respeito por mim mesmo."
   CP   C   D   DP

9. "Às vezes me sinto inútil."
   CP   C   D   DP

10. "Às vezes acho que não presto para nada."
    CP   C   D   DP

Fonte: Rosenberg, Morris 1989. *Society and the Adolescent Self-Image.* Edição revisada, Middletown, CT: Wesleyan University Press.

Concebida pelo dr. Morris Rosenberg, a escala foi usada inicialmente para avaliar a autoestima de um grupo de mais de 5 mil alunos de ensino médio em Nova York. Desde então, tem sido amplamente usada em vários lugares e contextos, com grupos de diferentes perfis, incluindo participantes adultos e crianças, homens e mulheres.

No apêndice 1 (ver páginas 167-169), encontram-se instruções para contabilizar a pontuação de suas respostas à Escala de Autoestima de Rosenberg.

Se você alcançou uma pontuação razoável na Escala de Autoestima de Rosenberg, é provável que não precise seguir nenhuma das ideias apresentadas neste livro para melhorar sua autoestima. Entretanto, o que proponho aqui pode ajudá-lo a aprofundar seus conhecimentos sobre autoestima e os problemas que outras pessoas enfrentam.

Por outro lado, se você não está satisfeito com sua pontuação na Escala de Rosenberg, pode ser que algumas das ideias a seguir o ajudem diretamente. Nesse caso, é hora de passar para o capítulo 1, no qual abordamos o primeiro ingrediente essencial no acrônimo VALOR para melhorar a autoestima: *Valorize-se.*

1. Valorize-se

"Se ouvir uma voz dentro de si dizendo 'Você não sabe pintar', então pinte, e essa voz se calará."

Vincent van Gogh

EM BUSCA DE UM NÍVEL RAZOÁVEL DE AUTOESTIMA

A autoestima está intimamente associada aos sentimentos e pensamentos que você tem em relação a si mesmo, seu valor, suas habilidades e suas qualidades.

O quanto você tende a valorizar a si mesmo, suas habilidades e suas ações pode cair em uma das três categorias a seguir:

1. PESSOA COM BAIXA AUTOESTIMA

- Você não acredita ter muito valor.
- Você duvida de suas habilidades.
- Você sente não ter muitas qualidades ou que as que tem não são importantes.
- Você não está satisfeito consigo mesmo.
- Você raramente se dá crédito por algo que faz.

2. PESSOA COM UM NÍVEL RAZOÁVEL DE AUTOESTIMA

- Você sente que tem valor e também reconhece outras pessoas como tendo valor.
- Você reconhece suas habilidades e qualidades sem exagerá-las.
- Você reconhece honestamente as áreas em que não é tão hábil.
- Você tem orgulho de algumas coisas que fez e se arrepende de outras.

3. PESSOA ARROGANTE OU PREPOTENTE
- Você acha que tem muito valor, mais do que outras pessoas.
- Você acha que tem muitas habilidades e qualidades – e pode exagerá-las.
- Você não reconhece ou admite falhas ou as minimiza.
- Você pode desprezar as opiniões das outras pessoas ou ter pouca consideração por elas.
- Você pode ter dificuldade para aceitar críticas razoáveis.

Se você se enquadra na categoria 1 ou sente que várias dessas características se aplicam a sua pessoa, este livro é para você. Focaremos em como alguém com baixa autoestima pode alcançar um nível razoável de autoestima.

PSEUDOAUTOESTIMA

Há divergências sobre se uma pessoa que se enquadra na categoria 3 (arrogante ou prepotente) deve ser considerada como tendo autoestima elevada ou não. Alguns consideram pessoas arrogantes e prepotentes como tendo um nível muito alto de autoestima porque elas têm um conceito elevado de suas habilidades e de seu valor – uma visão que é corroborada por grande parte das pesquisas realizadas sobre autoestima. Por outro lado, também há autores respeitados dedicados ao assunto, como Nathaniel Branden, autor do livro *Autoestima e os seus seis pilares*, que provavelmente considerariam pessoas arrogantes ou prepotentes como tendo "pseudoautoestima", afirmando que a prepotência mascara dúvidas sobre seu próprio valor e que a arrogância é, na verdade, uma capa protetora para a insegurança, e não autoestima genuína.

Ter um nível razoável de autoestima (categoria 2) é, eu diria, onde a maioria das pessoas (incluindo eu mesmo) gostaria de estar. Como a palavra "razoável" indica, não se trata de perfeição, e sim de equilíbrio, identificando e apreciando os aspectos positivos em sua vida e, ao mesmo tempo, estando preparado para reconhecer honestamente as áreas nas quais você poderia melhorar.

Problemas associados à baixa autoestima

As pesquisas indicam que, se você tem baixa autoestima, pode apresentar maior risco de:

- Depressão.
- Suicídio ou tentativas de suicídio.
- Transtornos alimentares.
- Gravidez na adolescência.
- Salários mais baixos e períodos prolongados de desemprego.
- Vitimização por outros.

Também há indícios de que, se sua autoestima é mais alta:

- Você tem melhores chances de estabelecer e manter relacionamentos bem-sucedidos.
- Você tem mais probabilidade de persistir depois de vivenciar um fracasso inicial ao tentar alguma coisa, isto é, você tem mais probabilidade de ser capaz de manter a motivação.

É possível ter autoestima em excesso?

Há algumas pesquisas indicando que, estatisticamente, pessoas que participam de atividades potencialmente perigosas, como dirigir rápido demais ou após ter consumido muito álcool, têm mais propensão a uma autoestima elevada do que a baixa autoestima, e o mesmo é válido para pessoas envolvidas em delinquência ou crimes violentos. Isso pode estar relacionado com o exposto anteriormente, de que uma autoestima elevada pode se confundir com arrogância ou prepotência, ou até com falta de respeito pelos outros. De qualquer forma, parece corroborar minha afirmação de que um objetivo sensato é ter um nível razoável de autoestima e um certo grau de equilíbrio, em vez de ter autoestima elevada ao ponto da arrogância.

Benefícios de um nível razoável de autoestima

Eu diria que alguns dos possíveis benefícios de ter um nível *razoável* de autoestima, em comparação com as outras duas alternativas, são os seguintes:

Vantagens de ter um nível razoável de autoestima em comparação a ter baixa autoestima:

- Você se sente melhor consigo mesmo.
- Você não se preocupa muito em saber se está ou não fazendo a coisa certa ou se é bom o bastante.
- Você consegue se envolver em relacionamentos de maneira construtiva, sem se humilhar.
- Você se sente confortável consigo mesmo e confiante o bastante para se comunicar de maneira eficaz.
- Você consegue se expressar de maneira assertiva sem se preocupar excessivamente com o que os outros pensam.
- Você tem mais facilidade de focar no presente e de se concentrar nas tarefas que tem em mãos, porque é menos ansioso.
- Você pode usar sua energia de maneira construtiva em vez de se preocupar com como está se saindo ou como os outros o veem.

Vantagens de ter um nível razoável de autoestima em comparação com ser arrogante e prepotente:

- Você tem mais capacidade de manter relações genuínas, porque trata os outros com respeito.
- Você tende a se comunicar de maneira razoável em vez de desprezar a opinião dos outros injustamente.
- Você tem mais capacidade de trabalhar em parceria com outras pessoas e de aprender com os outros.
- Você é mais capaz de avaliar suas ações e habilidades honestamente e, portanto, tem melhores chances de se desenvolver e se aprimorar.
- Você tem mais probabilidade de ser genuinamente respeitado pelos outros.

A subjetividade da autoestima

As estatísticas e as pesquisas nos dão algumas ideias dos benefícios de ter um nível razoável de autoestima, mas nem todos os indivíduos são iguais. Você pode achar que alguns dos benefícios apontados são particularmente importantes e relevantes para sua vida, ou pode achar que há outras razões, não contempladas, pelas quais seria útil ter um nível mais razoável de autoestima.

EXPERIMENTE AGORA! Em uma folha, escreva quais você acredita serem os principais benefícios de ter um nível razoável de autoestima *para você*. Enquanto coloca em prática algumas das ideias contidas neste livro, mantenha a lista por perto, como ferramenta motivacional e como um lembrete de por que você está tentando fazer mudanças no modo como age e pensa. Você também pode consultar sua lista depois de certo tempo para ajudá-lo a verificar se determinadas mudanças implementadas foram úteis ou não. Se sim, mantenha-as. Se não, pergunte-se por que e adapte-as ou ajuste-as conforme for necessário.

Por onde começar se você quer melhorar sua autoestima

Independente de você ter baixa autoestima desde criança ou de ela ter caído devido a circunstâncias ou acontecimentos específicos em sua vida, você talvez consiga pensar nos momentos em que sua autoestima foi um pouco melhor do que é hoje. Havia algo que você fazia diferente na época e que não está fazendo agora? Ou então, se parte da razão pela qual você hoje se sente pior e sua autoestima é mais baixa está associada com uma mudança nas circunstâncias ou acontecimentos em sua vida, pergunte-se qual seria uma maneira diferente de reagir a essa mudança para melhorar sua autoestima.

ESTUDO DE CASO

Mary: relembrando o que funciona e fazendo-o novamente

Mary tem baixa autoestima desde que se entende por gente. Quando era criança, seus pais sempre lhe diziam que ela não estava fazendo as coisas direito, e ela passou a sentir que não era boa o bastante. Entretanto, ao refletir sobre os momentos em que se sentiu melhor consigo mesma, ela se lembra de um período em que praticava atividade física regularmente e também estava envolvida em diferentes atividades. Então, decide frequentar uma aula de ginástica para mulheres uma vez por semana no clube local e também começa a participar de um grupo de canto, já que gostava de cantar no coro da escola quando era jovem. Ela acredita que ambas as atividades a ajudam a espairecer. Fazer algo que ela considera importante melhora seu estado de ânimo, e ela começa a se sentir melhor consigo mesma e com a situação.

ESTUDO DE CASO

Robert: mudando suas reações aos acontecimentos

Quando era mais jovem, Robert tinha uma personalidade alegre e confiante. Aos vinte e poucos anos, ele conseguiu um emprego importante em uma grande empresa em Londres. Depois de alguns anos, entrou na empresa um novo chefe muito exigente e sempre crítico do seu trabalho. Robert começou a gostar cada vez menos do trabalho, e o estresse só aumentou, mas ele continuou com o emprego por mais três anos, já que agora tinha uma família para sustentar. Começou a procurar outro emprego, mas dispunha de pouco tempo para se dedicar a isso. Certo ano, a pressão e o estresse aumentaram ainda mais quando a empresa lançou um novo projeto. Em um dia particularmente estressante, depois de trabalhar até tarde, Robert cometeu um erro relativamente sem importância, pelo qual o chefe criticou-o duramente. Essa foi a gota d'água para Robert. Ele foi para casa e, depois de conversar com a esposa, decidiu pedir demissão, embora não tivesse outra coisa em vista. Infelizmente, logo em seguida Robert ficou doente, e não pôde procurar emprego por vários meses. Durante esse período, ele começou a se culpar por ter desistido do trabalho. Sua crença em si mesmo e sua autoestima foram abaladas e, em certas ocasiões, ele chegou a pensar que talvez a doença fosse uma espécie de punição por suas próprias falhas.

Recentemente, Robert decidiu tentar reagir de outra forma à mudança nas circunstâncias. Cada vez que é tentado a se culpar pelo que aconteceu, ele se lembra de que, na verdade, discutiu com a esposa sobre pedir demissão, e ela concordou, e que ele não poderia ter previsto que ficaria doente. Em vez de ficar pensando no que poderia ter sido, ele agora conscientemente tenta não ser tão duro consigo mesmo e focar nas atitudes sensatas que pode tomar em sua situação atual. Ele também recorda que não estava feliz em seu emprego. Então conversa sobre as opções com a esposa e os dois decidem que, quando ele se recuperar, tentará procurar um emprego em uma área diferente, mesmo que seja para ganhar menos. Essa atitude mais equilibrada o ajuda a lidar com a doença e a se sentir melhor consigo mesmo e com a situação. Ele ainda considera a situação desagradável, mas também a vê como uma oportunidade de refletir sobre o que é importante para si mesmo e para sua família e sobre como pode tentar estabelecer metas pessoais que estejam alinhadas com isso.

Faça coisas que lhe dão prazer

Valorizar-se envolve criar espaço e tempo para fazer coisas que você gosta de fazer. Isso pode ser praticamente qualquer coisa, desde que não seja ilegal nem nocivo. Pode incluir, por exemplo, uma das seguintes atividades:

- Ouvir música
- Ler e/ou escrever

- Praticar esportes
- Cozinhar
- Encontrar amigos
- Ajudar as pessoas
- Dedicar-se a atividades de pesquisa ou autodesenvolvimento
- Cuidar do jardim
- Fazer caminhada
- Brincar com as crianças (se você tem filhos) ou contribuir para a vida delas
- Ver um bom filme
- Dar risada
- Viajar
- Pintar
- Apreciar a paisagem
- Aprender coisas novas
- Trabalhar em um projeto específico ou desempenhar uma função que você valorize ou aprecie
- Lutar por uma boa causa

É claro, a lista acima não é exaustiva. É só para dar algumas ideias possíveis e incentivá-lo a pensar em suas preferências pessoais para atividades agradáveis – que podem ser muito diferentes!

NÃO ESQUEÇA!!! Permita-se fazer algumas coisas que você gosta de fazer. Essa é uma das primeiras regras da autoestima. Aqui não me refiro a atividades ou ações nocivas que podem causar problemas para você ou para outras pessoas. Estou falando de ocupações ou passatempos comuns e cotidianos de que você goste ou que considere gratificantes.

EXPERIMENTE AGORA! Escreva dez atividades que você gosta de fazer atualmente ou de que gostou no passado.

D̲ez coisas que gosto de fazer:

1. _____
2. _____
3. _____
4. _____
5. _____
6. _____
7. _____
8. _____
9. _____
10. _____

Comprometa-se a fazer uma coisa da sua lista durante uma hora nos próximos dois dias, se puder, ou então assim que possível.

Reconheça seus pontos positivos

Fazer algumas coisas de que você gosta pode ajudá-lo a se sentir melhor consigo mesmo e com sua situação. Também serve a um propósito adicional.

Se você sofre de baixa autoestima, é provável que considere muito mais fácil se lembrar de suas características (vistas como) negativas e ações (vistas como) fracassadas do que identificar suas qualidades, habilidades ou conquistas. Mesmo que reconheça algumas coisas positivas sobre si mesmo ou sua vida, você talvez as desconsidere, minimizando sua importância ou valor ou não levando muito crédito pessoal por elas, mesmo quando seja o caso.

Se você tem uma mentalidade que o leva instintivamente a focar em seus pontos negativos em vez de em seus positivos, talvez precise de ajuda para equilibrar esse processo. Você pode usar o exercício que acabou de concluir – listar coisas que gosta de fazer – para ajudá-lo a identificar e reconhecer algumas de suas características positivas.

A maneira de fazer isso é repassar a lista e identificar que habilidades e qualidades você demonstra quando faz alguma das coisas de que gosta. Lembre-se de que as habilidades e qualidades *não* têm de atender a um padrão estipulado por outros. Por exemplo, são qualidades:

- Entusiasmo
- Determinação
- Senso de humor
- Amabilidade
- Paciência

NÃO ESQUEÇA!!! As pessoas com baixa autoestima às vezes têm uma tendência a julgar a si mesmas com base no que acham que outras pessoas, ou a sociedade em geral, querem ou valorizam, em vez de se basear no que elas próprias querem ou valorizam. Identificar seus pontos positivos é reconhecer o que você valoriza em si mesmo e *orgulhar-se de si mesmo*. Identificar seus pontos positivos é algo muito pessoal – não se trata de corresponder a um padrão imaginário; trata-se de se orgulhar de sua própria identidade.

ESTUDO DE CASO

Joanna: identificando o que é motivo de orgulho para você em vez de tentar corresponder a padrões externos ou imaginários

Joanna tem dificuldade para identificar pontos positivos em si mesma, suas conquistas ou qualidades. Ela se casou aos 26 anos e, na época, decidiu desistir de uma possível carreira como advogada para se concentrar em criar os filhos enquanto o marido trabalhava. Ela e o marido se divorciaram quando as crianças tinham oito e dez anos de idade, e Joanna continuou com as responsabilidades de cuidados com elas sem muita ajuda. Hoje, na meia-idade, quando tenta fazer uma lista de suas conquistas e qualidades, ela acha difícil no início, porque só consegue pensar no fato de que seu casamento não durou e de que ela não prosseguiu com sua carreira incipiente. No entanto, quando faz uma lista das coisas que gosta ou gostava de fazer no passado, consegue ver que elas demonstram uma série de qualidades pessoais. Ela as anota e então expande a lista, acrescentando uma série de coisas das quais se orgulha porque mostram situações em que persistiu e superou desafios. O resultado é uma lista de afirmações que lhe são pessoais.

Afirmações de Joanna:
- Criei meus dois filhos da melhor forma que pude.
- Sei ouvir.
- Geralmente dou o meu melhor ao fazer alguma coisa, mesmo que nem sempre consiga realizá-lo.
- Tenho um bom coração.

- Apesar de ter tido uma vida difícil, consegui me tornar advogada.
- Reconheço minhas limitações.
- Fiz esforços para recomeçar a vida depois de momentos difíceis.
- Tenho senso de humor.
- Cultivo cebolas no meu jardim.
- Cozinho bem – principalmente comida espanhola.
- Sou naturalmente tímida, mas me esforço para falar com as pessoas.
- Sou leal aos meus amigos.
- Tive coragem para sair de um relacionamento difícil.

Como podemos ver na lista acima, você pode colocar praticamente qualquer coisa como conquista ou habilidade – o importante é que seja algo que você fez ou um aspecto da sua personalidade que *seja significativo e motivo de orgulho para você*.

O VALOR DAS AFIRMAÇÕES

Você talvez tenha notado que chamo as declarações pessoais de Joanna de "afirmações".

TERMO-CHAVE

Uma **afirmação**, neste contexto, é uma declaração positiva sobre uma qualidade ou conquista.

As afirmações são valiosas porque ajudam a construir um senso de identidade pessoal positiva de uma forma que só diz respeito a você. Se criadas de maneira sensata, podem ajudá-lo a lidar com pensamentos negativos sobre si mesmo, identificar adequadamente coisas das quais você se orgulha e melhorar sua autoestima. No entanto, há algumas características que é importante lembrar quando você tenta criar afirmações para si mesmo, as quais estão indicadas nos parágrafos a seguir.

Depois de criar uma lista de afirmações pessoais, mantenha-a sempre à mão e leia-a regularmente no início, e então, sempre que estiver se sentindo pessimista com relação a si próprio, isso o ajudará a reprogramar sua mente para identificar características positivas em si mesmo e em sua vida.

Características das afirmações úteis

Crie afirmações realistas: Em certas ocasiões, você pode ter a ideia de usar afirmações muito gerais sobre si mesmo, como "Sou uma pessoa maravilhosa" ou "Posso conseguir o que quiser". Recomendo que não faça isso, pois, se fizer, estará indo de um extremo a outro. É mesmo verdade que você pode conseguir tudo que quiser? Provavelmente não – pode ser que o que você quer se limite a coisas que dependam unicamente de você, mas normalmente as pessoas querem algumas coisas que não estão totalmente sob seu controle –; então, você precisa ser realista, do contrário criará uma afirmação que soa vazia e dificilmente será concretizada.

Igualmente, se você tende a ter pensamentos negativos como "Eu sempre meto os pés pelas mãos", uma afirmação para contrabalançar isso que diga "Eu nuca meto os pés pelas mãos" ou "Eu sempre faço a escolha certa" seria absurda. Melhor seria contrabalançar o pensamento negativo abarcador com um pensamento mais realista: "Eu *às vezes* faço a escolha certa" ou mesmo "Eu *nem sempre* meto os pés pelas mãos", o que, embora não seja sensacional, pelo menos é realista e um avanço em relação ao pensamento negativo original.

Faça afirmações específicas: Às vezes, nas profissões de cunho social e humanitário, também se distingue entre fazer comentários generalizados sobre uma pessoa, o que as coloca em uma caixa que pode ser imprecisa, inútil ou ofensiva, e a alternativa de fazer comentários específicos e focados nas ações ou no comportamento da pessoa, o que pode ser útil. Se alguém faz algo que você considera indesejável, costuma ser mais útil assinalar que você não concorda com sua ação específica (e dizer por quê) em vez de rotular a pessoa em termos gerais negativos. Da mesma forma, se alguém faz alguma coisa que você considera *boa*, seu feedback também será mais útil se você salientar e elogiar a *ação positiva específica* em vez de fazer um elogio generalizado. O mesmo princípio se aplica aos seus próprios comentários sobre si mesmo: sugiro que, com suas afirmações, você foque em comportamentos específicos que às vezes apresenta, ações positivas que realizou, ou características que tem e das quais se orgulha em vez de usar rótulos positivos vagos que provavelmente serão pouco convincentes e/ou exagerados – "Completei uma maratona" (se for verdade) é mais útil que "Sou um ótimo corredor", o que é provavelmente um exagero ou, na melhor das hipóteses, um juízo de valor generalizado.

Expresse afirmações na primeira pessoa: Também tende a ser útil expressar as afirmações na primeira pessoa, por exemplo, "Eu tenho..." ou "Eu sou...". Há duas razões principais para isso:

1. Valorizar-se não significa corresponder a um padrão estabelecido por outros ou pela sociedade. É exatamente o oposto – *você* assumindo responsabilidade pela *sua vida* e pelas *suas decisões*. Por isso, é uma boa ideia se apropriar do que você valoriza em si mesmo como parte desse processo.
2. Usar a forma "eu" ajuda a reforçar o fato de que você está reconhecendo e percebendo sua identidade pessoal de uma maneira construtiva, sem desprezar ou negligenciar a si mesmo – tudo isso é parte de valorizar-se.

As afirmações pessoais têm mais probabilidade de serem úteis para construir sua autoestima de uma forma duradoura se:

- Forem realistas, não exageradas.
- Puderem ser comprovadas ou demonstradas por exemplos.

- Forem específicas, referindo-se a ações, conquistas ou atributos em particular em vez de aplicar uma classificação geral a si mesmo como ser humano.
- Forem expressas na primeira pessoa.

EXPERIMENTE AGORA! Use o espaço a seguir para criar sua própria lista de qualidades, habilidades e conquistas. Escreva uma sequência de coisas que você se orgulha de ter alcançado ou que você vê como uma habilidade ou qualidade em si mesmo. Essa lista é pessoal.

Trata-se do que você pessoalmente se orgulha, independente do que outros poderiam pensar. Use a primeira pessoa para iniciar cada item, por exemplo: "Eu tenho..." ou "Eu sou...".

AFIRMAÇÕES PESSOAIS

- _____
- _____
- _____
- _____
- _____
- _____
- _____
- _____
- _____
- _____

Afirmações: o que fazer e o que não fazer

O propósito das afirmações é ajudá-lo a se valorizar de uma forma realista e a combater uma autoimagem negativa ou pensamentos negativos exagerados a respeito de si mesmo.

Se você tem baixa autoestima, a imagem negativa de si mesmo e os pensamentos negativos sobre si mesmo provavelmente são automáticos e podem muito bem estar atuando há um bom tempo (em alguns casos, você já nem lembra desde quando). Eles podem ser alterados ou modificados, mas isso requer prática e esforço consciente; portanto, você precisa encontrar formas de registrar suas afirmações pessoais em sua consciência. Por isso, sugiro considerar as seguintes recomendações:

O que fazer

Para ajudá-lo a registrar suas afirmações pessoais em sua consciência, experimente o seguinte:
- Releia as afirmações diariamente.
- Mantenha cópias de suas afirmações onde você possa vê-las – por exemplo, na porta da geladeira ou no painel do seu carro.
- Mantenha uma cópia em um diário, bolsa ou carteira, para consultar sempre que necessário.

O que não fazer

Há um único "não" importante com relação a afirmações pessoais:
- Não esqueça sua lista de afirmações no fundo de uma gaveta!

Se você tem receio de que outras pessoas vejam suas afirmações, pense em maneiras criativas de mudar a forma como são anotadas, de modo que não fiquem claras para os outros, mas ainda sejam significativas para você. Estas são algumas ideias:

- Se você é uma pessoa artística ou aprecia fotos ou imagens, crie alguns desenhos, fotos, ilustrações ou outras imagens que o ajudem a associá-las – por exemplo, uma foto de você praticando uma atividade de que gosta e que mostre alguma de suas habilidades e características positivas.
- Use uma de suas afirmações, ou parte dela, para compor uma senha no seu celular ou computador (mas, obviamente, não de forma que alguém possa adivinhá-la).
- Use uma imagem que o lembre de uma de suas afirmações como protetor de tela no seu computador.

As ideias acima são apenas sugestões – talvez você consiga pensar em formas alternativas de fazer as coisas que funcionem melhor para você. O objetivo é manter as afirmações frescas em sua memória. *Como* fazer isso é algo totalmente pessoal – o importante é que funcione.

O QUE FAZER SE VOCÊ TIVER DIFICULDADE PARA CRIAR AFIRMAÇÕES

Algumas pessoas têm dificuldade de pensar em algo positivo para dizer sobre si mesmas, ou relutam em fazê-lo. Se você achar difícil criar uma lista de afirmações, pode se fazer as perguntas a seguir (e anotar as respostas) para ter algumas ideias de coisas das quais se orgulha a fim de incluir em sua relação:

- Quais seriam minhas *qualidades*, na opinião de um amigo próximo? (Se não tiver certeza, pergunte.)
- Quais seriam minhas *habilidades* e *conquistas*, na opinião de um amigo próximo? (Mais uma vez, se não tiver certeza, pergunte.)
- Que desafios enfrentei na vida? Faça uma declaração positiva contando o que você fez quando se deparou com esses desafios. (Mesmo que ache que não os superou totalmente, dê crédito a si mesmo por aquilo que tentou fazer.)

- Que características me incomodam em outras pessoas e eu *não* tenho? Crie uma declaração positiva do seu oposto – por exemplo, se você não é cruel, reelabore isso como "Eu sei ser gentil" ou "Eu sou afetuoso" ou uma expressão similar que pareça adequada para você.
- Que mudanças eu fiz na minha vida (por menores que sejam) das quais me orgulho?
- Que habilidades aprendi? (Isso pode ser por meio de treinamento – na escola, na faculdade ou no emprego – ou por meio de outras pessoas, como um familiar ou amigo.)
- Como alguém que pensa bem de mim me descreveria?

VALIDE SUAS AFIRMAÇÕES

Eu mencionei que as afirmações tendem a ser mais úteis para construir sua autoestima se puderem ser comprovadas ou demonstradas. Se ao escrever uma afirmação pessoal esta não parecer real para você, anote os argumentos ou indícios que a corroborem. Isso pode ajudá-lo a lembrar que a afirmação é válida, e não só uma declaração maluca!

ESTUDO DE CASO

James: dando credibilidade a suas afirmações

James tem trinta e poucos anos e trabalha para uma grande empresa. Ele é respeitado em seu trabalho, mas está sempre se comparando a outros profissionais e com receio de não estar se saindo tão bem como deveria. Na vida pessoal, ele tem vários relacionamentos positivos, mas vê a si mesmo como chato e desagradável. Ele cria uma lista de afirmações, mas acha que algumas delas parecem vazias; por isso, para ajudá-lo a perceber que não está simplesmente imaginando esses aspectos positivos, ele seleciona as afirmações sobre as quais está em dúvida e as valida anotando indícios que corroborem cada uma, como apresentado a seguir.

Afirmação: Eu tenho a mente aberta.
Exemplo ou indícios que corroborem: Tim me cumprimentou por ajudá-lo a ver diferentes pontos de vista em uma discussão que ele estava tendo com um amigo, e outras pessoas disseram que me consideram um bom avaliador de caráter e de situações.

Afirmação: Eu sou competente no meu emprego.
Exemplo ou indícios que corroborem: Minhas avaliações de desempenho foram positivas.

Afirmação: Eu sei ser divertido.
Exemplo ou indícios que corroborem: Sábado passado, Gary, Fiona, Carol e eu demos umas boas risadas no rinque de patinação.

Se você tiver dificuldade para acreditar em algumas das afirmações que escreve sobre si mesmo, tente fazer um exercício similar, anotando os indícios que corroborem essas afirmações.

IDENTIFIQUE ATIVIDADES, CARACTERÍSTICAS E AÇÕES POSITIVAS

Pessoas com um nível razoável de autoestima conseguem ver aspectos positivos em suas ações. Isso não significa que elas necessariamente se vangloriam disso, mas que se sentem confortáveis com o modo como agem. Possivelmente examinam, de maneira realista e sensata, se poderiam ter feito algo melhor ou de um modo diferente, mas não duvidam de suas ações ou de si mesmas o tempo todo.

As pessoas com baixa autoestima tendem a ver suas ações de maneira oposta. Se você tem baixa autoestima, provavelmente acha difícil enxergar os aspectos positivos de suas ações. Restabelecer o equilíbrio geralmente requer certo esforço consciente.

EXPERIMENTE AGORA! A partir de hoje, mantenha por uma semana um Diário de Coisas Positivas (veja o formulário a seguir), identificando o que você fez no dia e que características positivas apresentou. Para o propósito desse exercício, simplesmente registre os aspectos positivos do dia, por menores que sejam e mesmo que pareçam coisas fáceis ou triviais. Se isso funcionar para você, continue por mais uma semana. Depois de manter um Diário de Coisas Positivas por uma ou duas semanas, veja se há algo ali que você pode adaptar para incluir em sua lista de afirmações pessoais.

Observação: Se você tentar manter um Diário de Coisas Positivas, mas não conseguir encontrar *nada* que reconheça como conquista pessoal ou como algo que gostou de fazer, é possível que esteja sofrendo de depressão. Se achar que esse pode ser o caso, consulte um médico para obter ajuda apropriada.

CRENÇAS LIMITANTES

Até o momento, neste capítulo, foquei principalmente em ações positivas e exercícios que você pode praticar se tiver uma autoimagem excessivamente negativa, para ajudá-lo a construir uma impressão positiva e realista de si mesmo.

A abordagem complementar, que convém adotar se você é uma pessoa que não se valoriza, é lidar diretamente com as crenças que estão fazendo com que seja tão difícil para você se ver de uma forma positiva ou realista. Essas crenças subjacentes podem estar limitando sua capacidade de desenvolver seu potencial.

Diário de Coisas Positivas: semana começando em _____

	Coisas que alcancei (por menores que sejam)	Coisas que gostei de fazer (por mais bobas que pareçam)	Características positivas que demonstrei
Segunda-feira			
Terça-feira			
Quarta-feira			
Quinta-feira			
Sexta-feira			
Sábado			
Domingo			

TERMO-CHAVE — Uma **crença limitante** é uma crença geral, declarada ou não, que reduz sua capacidade de alcançar o que almeja. No contexto da autoestima, uma crença limitante pode ser definida como uma crença geral acerca de si mesmo (ou dos outros, ou da vida em geral) que faz com que seja mais difícil para você pensar em si mesmo de uma forma positiva.

Há vários tipos de crenças limitantes. Estes são alguns exemplos:

- **Crenças limitantes sobre suas habilidades:** "Eu não sou bom em nada".

- **Crenças limitantes sobre sua personalidade ou suas características:** "Eu sou idiota" ou "Eu sou muito emotivo" ou, ao contrário, "Eu sou insensível".

- **Crenças limitantes sobre como você deve agir:** "É errado se colocar em primeiro lugar" ou "Eu não deveria discutir".

- **Crenças limitantes sobre as consequências de agir de certa maneira:** "Se eu disser que discordo deles, não vão gostar de mim" ou "Se eu me aproximar dele(a), ele(a) vai me deixar".

- **Crenças limitantes sobre grupos de pessoas específicos:** "Os homens têm medo de compromisso" ou "As mulheres são manipuladoras".

- **Crenças limitantes sobre o mundo ou a vida em geral:** "O que é bom nunca dura" ou "Cada um só pensa em si mesmo".

Alguns dos pontos em uma crença limitante podem, *às vezes*, ser verdadeiros ou uma descrição precisa de uma situação ou pessoa em particular, mas quando a crença é estabelecida como uma regra inviolável em vez de uma observação específica ou uma ideia que você quer testar de maneira objetiva pode levá-lo a fazer suposições incorretas sobre determinadas situações, ou, talvez ainda pior, a perder a oportunidade de ter uma experiência positiva ou um relacionamento positivo.

No que concerne a seu próprio bem-estar e autoestima, se você aplicar uma expectativa rígida e exigente de como acha que deveria ser, possivelmente será duro demais consigo mesmo caso não corresponda exatamente ao padrão de perfeição que estabeleceu para si próprio.

> **DICA ÚTIL**
> Fique atento a pensamentos que você tem ou declarações que faz que são generalizações ou prescrições de como você ou outras pessoas devem ser ou viver, como "Eu preciso...", "Eu devo...", "eles devem...", "eles não devem...". Pensamentos desse tipo às vezes podem ajudar a guiar sua vida, mas se você aderir a eles de modo excessivamente rígido ou inflexível pode acabar julgando demais outras pessoas ou a si mesmo.

Um dos exemplos mais famosos de uma crença limitante é a que muitas pessoas tinham, até 6 de maio de 1954, de que era impossível para um ser humano correr uma milha em quatro minutos ou menos.

O que aconteceu em 6 de maio de 1954? Roger Bannister correu uma milha em quatro minutos.

Isso abriu as comportas. De repente, outros atletas perceberam que *era* possível correr uma milha em menos de quatro minutos e já não se deixaram deter, conscientemente ou não, pela crença limitante de que isso não era possível. Isso contrastou com um período de nove anos antes da corrida de Bannister, em que ninguém fora capaz de quebrar o antigo recorde de quatro minutos e 1,4 segundo.

Esse exemplo mostra a diferença que pode fazer quando alguém – nesse caso, Roger Bannister – é capaz de superar uma crença limitante que impedia outras pessoas e a si mesmo de continuar avançando.

O IMPACTO DAS CRENÇAS LIMITANTES SOBRE SI MESMO

Se você tem crenças limitantes sobre suas próprias características ou capacidades, estas tendem a contribuir para sua falta de autoestima e até mesmo reforçá-la.

Por exemplo, se você acredita que não merece ser feliz, pode muito bem não se colocar em situações nas quais poderia ser feliz ou nas quais poderia ter a oportunidade de fazer algo ou obter algo de que gostaria.

Nesse tipo de situação, suas crenças limitantes estão levando a ações que são de pouca ajuda, com resultados negativos previsíveis que reforçam sua crença negativa. Isso pode ser representado em um fluxograma:

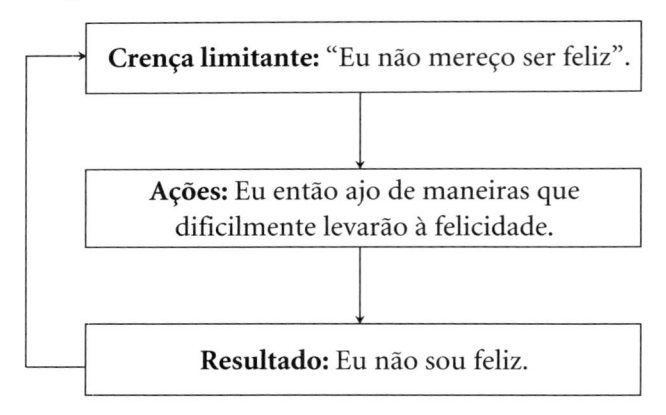

Crença limitante: "Eu não mereço ser feliz".

Ações: Eu então ajo de maneiras que dificilmente levarão à felicidade.

Resultado: Eu não sou feliz.

Se você acredita ser tolo, pode muito bem evitar situações nas quais seria possível aprender e adquirir conhecimento porque teme o fracasso ou teme que outros tenham essa mesma visão negativa de suas habilidades.

Se você acredita ser excessivamente emotivo, pode muito bem não se desafiar a agir com calma porque tem um roteiro interno em sua cabeça dizendo que esta é uma característica sua que você não pode mudar (mesmo que não seja).

O IMPACTO DAS CRENÇAS LIMITANTES ENVOLVENDO OUTRAS PESSOAS

Crenças limitantes sobre outras pessoas ou o comportamento delas para com você, e o que isso significa, ou crenças limitantes sobre o mundo em geral também podem ter um impacto negativo em sua autoestima. Isso pode, às vezes, acontecer de forma indireta, de modo que você nem sempre percebe.

Por exemplo, se você é um homem com uma crença limitante de que as opiniões das mulheres não importam, é provável que isso o leve a agir de modo desrespeitoso para com as mulheres e limite sua possibilidade de ter relacionamentos significativos com elas.

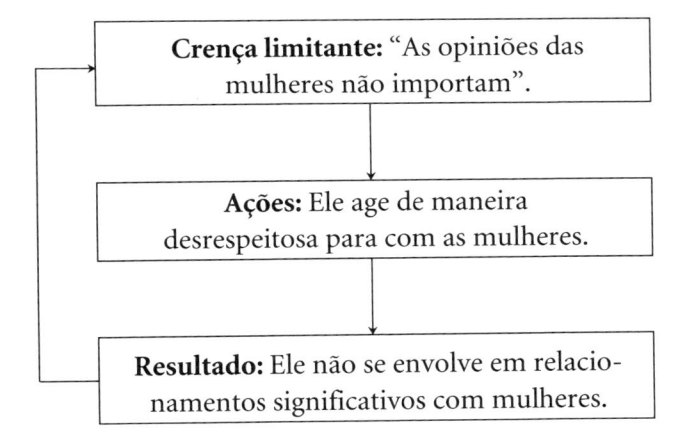

Crença limitante: "As opiniões das mulheres não importam".

Ações: Ele age de maneira desrespeitosa para com as mulheres.

Resultado: Ele não se envolve em relacionamentos significativos com mulheres.

Ou então, se você é uma mulher com uma crença limitante de que os homens são sempre egoístas, isso pode levá-la a agir de modo desrespeitoso, depreciativo ou desconfiado para com os homens, com resultados igualmente problemáticos.

> **Crença limitante:** "Os homens são egoístas".
>
> **Ações:** Ela age de modo depreciativo e desconfiado para com os homens.
>
> **Resultado:** Ela não se envolve em relacionamentos significativos com homens.

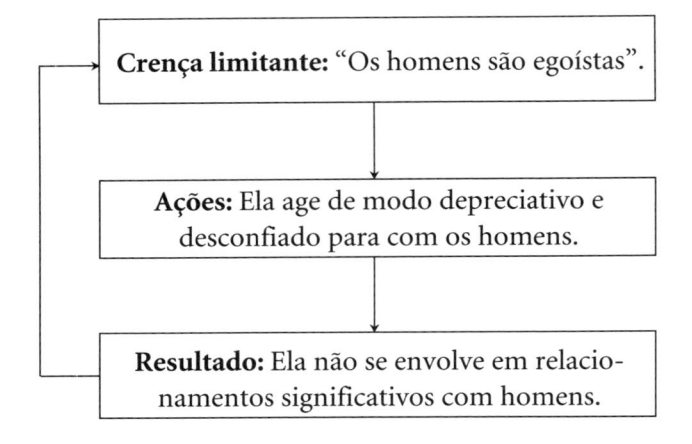

Os exemplos acima focam em crenças limitantes hipotéticas tidas por um homem sobre as mulheres ou por uma mulher sobre os homens. É claro que uma mulher também pode ter crenças limitantes com relação a outras mulheres ou um homem com relação a outros homens, e qualquer indivíduo pode ter crenças limitantes independente de sua orientação sexual. Tais crenças não são privilégio de um grupo de pessoas ou de uma parcela da sociedade!

É importante identificar as crenças limitantes que você tem acerca de outras pessoas e do que o comportamento delas significa, bem como as que você tem acerca de si mesmo.

IDENTIFIQUE SUAS CRENÇAS LIMITANTES

Se você já está ciente de algumas de suas crenças limitantes, não se critique por isso. É muito mais comum ter alguma crença limitante do que não ter nenhuma, e o fato de já estar ciente de algumas indica um certo grau de autoconsciência. Se quiser identificar suas crenças limitantes, ou se quiser esclarecê-las ou descobrir outras que talvez tenha, aqui estão algumas dicas.

NÃO ESQUEÇA!!! Ao procurar por uma crença limitante, fique atento às seguintes características:

- Uma crença que condense um ponto de vista geral que você tem sobre si mesmo, sobre os outros ou sobre o mundo em que vive.
- Uma crença que seja dogmática – isto é, algo que você não pensa em questionar ou que considera sempre verdadeiro (ou verdadeiro com tanta frequência que não vale a pena questionar).
- Uma crença que, em alguns aspectos, não o está ajudando a alcançar os resultados que gostaria ou está reforçando sua opinião negativa sobre si mesmo.

Como identificar crenças limitantes por meio de suas conversas interiores

A maioria das pessoas (inclusive eu) tem uma conversa interior acontecendo mentalmente quando pensa em suas interações com outras pessoas, em acontecimentos ou situações em que estão envolvidas ou podem vir a se envolver, e em suas responsabilidades e vida cotidiana. Tal conversa é, provavelmente, uma observação sobre seus próprios medos ou esperanças com relação ao que está acontecendo ou pode vir a acontecer.

Uma forma de identificar crenças limitantes é prestar atenção a suas conversas interiores e, em particular, a pensamentos autocríticos que você possa ter. Procure padrões e observe se, por trás de um pensamento autocrítico específico, está atuando uma crença geral limitante que você tem acerca de si mesmo ou do mundo, o que o leva a passar para o pensamento autocrítico ou negativo em menos tempo do que outras pessoas o fariam.

EXPERIMENTE AGORA! Tente recordar uma situação recente em que você se sentiu insatisfeito e foi autocrítico com o modo como agiu. Se possível, escolha uma situação em que seus pensamentos autocríticos foram o tipo de pensamento que você tem com frequência. Copie os títulos listados no exemplo abaixo e em seguida anote suas respostas; descreva brevemente qual foi a situação e quais foram seus pensamentos autocríticos; então, pergunte-se se pode ter havido uma crença limitante por trás do pensamento; finalmente, dê razões pelas quais essa crença limitante pode ser prejudicial. Segue um exemplo para ajudá-lo a começar:

Situação: Fazer meu exame de direção.
Pensamento(s) autocrítico(s): "Eu não tenho a menor chance de passar no exame."
Crença limitante subjacente: "Eu nunca consigo o que quero."
De que modo a crença limitante é prejudicial? Ela me leva a ficar ansioso ou desmotivado, o que limita minhas chances de alcançar o que quero e faz com que eu me sinta mal.

Observação: Ao fazer esse exercício, anote crenças limitantes que se apliquem a você, e não simplesmente o que você acha que outras pessoas diriam que são crenças limitantes – trata-se de determinar o que *você* acha que o está limitando. Se achar que pode haver mais de uma crença limitante por trás de um pensamento em particular, você pode anotar todas elas e refletir sobre as consequências de cada uma.

DICA ÚTIL: Se o seu pensamento autocrítico é uma previsão negativa sobre si mesmo, como no exemplo anterior, ou uma instrução para si mesmo de que você deveria – ou não – fazer algo, pergunte-se *por que* você acha que não alcançará o que quer (no exemplo anterior) ou *por que* você deveria – ou não – agir de determinada maneira. Isso pode ajudá-lo a esclarecer quais são as crenças limitantes subjacentes.

A TÉCNICA DA SETA DESCENDENTE

Se você tem dificuldade de identificar suas crenças limitantes, uma técnica que pode ajudá-lo a fazer isso é a técnica da seta descendente.

Para usar essa técnica, você pega um pensamento negativo ou ansioso que esteja em sua cabeça e se pergunta: "O que isso significa?" ou "O que isso revela?". Qualquer que seja a resposta, aplique a mesma pergunta a ela, e continue fazendo isso com cada resposta dada, até chegar a um ponto que você encontrar a crença limitante por trás do pensamento.

Você também pode testar outras variações para a pergunta que usar, dependendo do contexto, como "E daí?" ou "O que há de tão ruim nisso?" ou "Por que isso importa?" ou "O que isso diz sobre mim?". O objetivo é esclarecer por que a situação o perturba tanto.

DICA ÚTIL: Para ajudar a descobrir suas crenças limitantes, tente aplicar a técnica da seta descendente a uma situação em que você se sinta profundamente insatisfeito consigo mesmo ou com algo que fez ou deixou de fazer – tal emoção negativa intensa pode ser um indicador de que talvez haja uma crença limitante envolvida.

ESTUDO DE CASO

Eamonn: usando a técnica da seta descendente

Eamonn fará uma entrevista de emprego, mas o trem em que ele se encontra atrasa, e ele chega tarde. Não consegue o emprego. Desanimado, pensa: "Que má sorte a minha, pegar um trem que atrasou".

Eamonn, então, usa a técnica da seta descendente para descobrir se há crenças limitantes envolvidas:

P: "O que isso revela?"
R: "Sempre que pareço ter uma oportunidade, ela desaparece"
P: "O que isso revela?"
R: "Que nunca vou conseguir" (crença limitante)
P: "O que isso revela?"
R: "Que sou um inútil" (crença limitante)

É claro que pessoas diferentes usando a técnica da seta descendente podem descobrir que têm crenças limitantes diferentes das de Eamonn em uma situação similar. Outra pessoa poderia chegar à resposta de que essa situação revela que "o mundo está contra mim", o que seria um tipo de crença limitante diferente da que Eamonn tem. Para determinar quais são as suas próprias crenças limitantes, você precisa fazer o exercício por si mesmo.

EXPERIMENTE AGORA!

Tente recordar uma situação em que você se sentiu profundamente insatisfeito consigo mesmo e use a técnica da seta descendente para determinar se há crenças limitantes envolvidas e, se houver, quais podem ser.

CRENÇAS LIMITANTES ENVOLVENDO RELACIONAMENTOS

Relacionamentos são uma área em que muitas pessoas têm crenças limitantes acerca dos outros ou de si mesmas que impactam na sua autoestima e na sua capacidade de reconhecer seu próprio valor. Você pode usar um método similar ao descrito acima especificamente para identificar crenças limitantes envolvendo relacionamentos, se considerar que essa é uma área de particular relevância na sua vida.

ESTUDO DE CASO

Louise: lidando com crenças limitantes sobre relacionamentos

Louise tem dúvidas sobre sua capacidade de ter um relacionamento romântico bem-sucedido com um homem. Quando começa um relacionamento, ela tem uma tendência a ficar muito ansiosa diante de qualquer sinal que possa ser interpretado como falta de interesse do parceiro. Usando uma série de títulos similares aos apresentados na página 42, mas adaptados especificamente para observar pensamentos ansiosos em relacionamentos, ela analisa uma situação em que Simon, seu parceiro há seis meses, não telefonou certa noite quando disse que o faria – um comportamento que é atípico dele:

Situação:
Simon não me ligou.

Pensamento (sobre outras pessoas):
Ele não me ligou deliberadamente, porque não está interessado em me ver. Prefere fazer outra coisa.

Crença(s) limitante(s) subjacente(s):
Eu não sou atraente.
Os homens não gostam de compromisso.

De que modo as crenças limitantes são prejudiciais?
- Elas me desencorajam a verificar se há outras explicações para Simon não ter me ligado.
- Elas fazem com que eu me sinta mal comigo mesma e me veja como vítima.
- A primeira crença faz que eu tenha dificuldade de agir de modo confiante em relacionamentos com homens, e a segunda crença faz que eu tenha dificuldade de construir um relacionamento de confiança com um homem.

MODIFIQUE SUAS CRENÇAS LIMITANTES

Uma vez que tenha identificado suas crenças limitantes, o próximo passo é verificar se você quer tentar mudar algumas delas. Como provavelmente são crenças ou preconceitos profundamente arraigados, questioná-los requer certo esforço. A seguir há uma lista de perguntas que você pode usar para explorar o que aconteceria se você se abrisse à possibilidade de um ponto de vista um pouco diferente:

1. Que crença(s) menos extrema(s) eu poderia ter?
2. Quais seriam as vantagens de eu ter a(s) nova(s) crença(s) em vez da(s) crença(s) limitante(s)?
3. Quais seriam as possíveis desvantagens de eu ter a(s) nova(s) crença(s) em vez da(s) velha(s)?

ESTUDO DE CASO

Louise (continuação): explorando alternativas às crenças limitantes

Louise se faz as perguntas na lista e obtém as seguintes respostas:

1. Que crença(s) menos extrema(s) eu poderia ter?

- "Alguns homens me acham atraente e outros, não."
- "Alguns homens não querem compromisso em um relacionamento, mas outros, sim."

2. Quais seriam as vantagens de eu ter a(s) nova(s) crença(s) em vez da(s) crença(s) limitante(s)?
- Eu estaria mais inclinada a discutir a situação com Simon de uma forma positiva.
- Eu teria uma chance maior de construir confiança em um relacionamento com um homem.
- Eu me sentiria mais otimista com relação à possibilidade de uma relação duradoura com um homem.
- Eu me sentiria mais capaz de me abrir a respeito de minhas próprias inseguranças sem conjeturar o resultado.

3. Quais seriam as possíveis desvantagens de eu ter a(s) nova(s) crença(s) em vez da(s) velha(s)?
- Eu poderia fazer papel de idiota.
- Eu poderia me machucar.
- Eu teria de abrir mão de uma crença de longa data!
- Significaria que é, em parte, minha culpa eu não ter tido um relacionamento mais duradouro antes.
- Se a crença for correta, seria estúpido abrir mão dela!

ADOTE UMA ATITUDE EXPERIMENTAL

As respostas de Louise às três perguntas na lista indicam que pode haver vantagens significativas se ela conseguir começar a ter crenças menos extremas, mas também que há desvantagens importantes. Ao se deparar com um dilema similar, isto é, se uma crença menos extrema lhe poderia ser mais útil do que determinada crença limitante que você tem, as seguintes atitudes podem ajudá-lo a chegar a uma etapa em que você esteja disposto a testar a crença alternativa:

1. Lembre-se de que o que você vai fazer é *um experimento* – tentar *agir como se* a crença alternativa, mais moderada, fosse verdade –, mas isso não o compromete a acreditar nele.
2. Tente encontrar uma forma de testar a crença alternativa que não o deixe em situação difícil caso seu experimento não funcione. Uma coisa que você pode fazer a esse respeito é pensar em coisas construtivas que possa fazer ou dizer para si mesmo se o experimento não funcionar – no próximo capítulo, vou explorar a ideia de "pensamentos equilibrados" (ver páginas 65-67). Eles podem ser particularmente úteis para lidar com situações que o deixam ansioso.
3. Ao avaliar os resultados de seu experimento, anote quaisquer consequências positivas e negativas do seu novo modo de agir. Tenha em mente que, como sua crença limitante vem de longa data, você pode ser tentado a ver os resultados de maneira negativa em vez de observar os aspectos positivos, então tente não tirar conclusões precipitadas.

Você pode usar uma série de títulos como os fornecidos a seguir (apresentados como uma lista ou em uma tabela) para anotar os resultados de seu experimento com crenças alternativas:

Situação e pensamentos iniciais:
Crença limitante inicial:
Crença alternativa:
Ações que experimentei de acordo com a crença alternativa:
Resultado:

ESTUDO DE CASO

Louise (continuação): registrando os resultados de um experimento

Depois de refletir sobre suas respostas às perguntas, Louise decide que, embora esteja convencida de sua opinião de que os homens não gostam de compromisso e ache difícil acreditar que possa ser considerada atraente, ela vai agir *como se* as alternativas possíveis ("Alguns homens me acham atraente e outros, não"; "Alguns homens não querem compromisso em um relacionamento, mas outros, sim") fossem verdadeiras nesse caso. Ela decide começar discutindo a situação com Simon de modo não confrontador e, ao mesmo tempo, explicando alguns de seus sentimentos de insegurança a respeito. Ao fazer isso, ela registra os resultados.

Situação e pensamentos iniciais:
Simon não me ligou. Eu pensei: "Ele não está interessado em me ver".

Crença limitante inicial:
"Eu não sou atraente."
"Os homens não gostam de compromisso."

Crença alternativa:
"Alguns homens me acham atraente e outros, não."
"Alguns homens não querem compromisso em um relacionamento, mas outros, sim."

Ações que experimentei de acordo com a crença alternativa:
Perguntei para Simon por que ele não me ligou e também expliquei de um modo não agressivo alguns dos meus sentimentos de insegurança.

Resultado:
Simon disse que estava terminando uma decoração na casa dele e quando olhou o relógio era tarde demais para ligar.
Discutimos alguns dos meus sentimentos de insegurança e ele me tranquilizou, afirmando que me acha atraente. Tivemos uma conversa interessante sobre a questão do compromisso. Não sei muito bem aonde isso nos leva, mas me sinto melhor por pelo menos ter conversado a respeito!

Os resultados do experimento de Louise não criaram um relacionamento significativo de imediato, mas *foram* o primeiro passo para abrir um diálogo. O próximo capítulo – *Aceite-se* – trará outras ideias para ajudá-lo a lidar com padrões de pensamento negativos que podem estar associados à baixa autoestima. No capítulo 4, *Observe-se*, também exploro a questão da possível origem de suas crenças negativas sobre si mesmo e apresento algumas outras ideias sobre o que fazer com elas.

NÃO ESQUEÇA!!!

Principais ideias do capítulo 1

Exploramos alguns elementos essenciais no que concerne a *valorizar-se*:
- Faça coisas de que gosta e que valoriza.
- Orgulhe-se de suas conquistas, qualidades e habilidades (se achar difícil fazer isso, use afirmações que o ajudem).
- Reconheça aspectos positivos em suas ações cotidianas.
- Identifique e procure modificar crenças limitantes sobre si mesmo e sobre suas habilidades.

Enquanto trabalha nesses itens, você também pode começar a considerar o segundo elemento do acrônimo VALOR, *Aceite-se*, que é assunto do capítulo 2.

2. Aceite-se

"Dai-me serenidade para aceitar o que não posso mudar, coragem para mudar o que posso e sabedoria para saber a diferença."
Reinhold Niebuhr

Desenvolva uma atitude de autoaceitação

Autoaceitação significa valorizar-se ainda que você não alcance tudo o que deseja ou que nem sempre aja como pensa que deveria. O tipo mais estável de autoaceitação implica reconhecer que você pode cometer erros e ter falhas em seu caráter sem que isso signifique que você não tem valor.

Autoaceitação condicional e incondicional

Em seu livro *The Myth of Self-Esteem* [*O mito da autoestima*] (2005), o psicólogo Albert Ellis distingue **autoaceitação condicional**, em que seus sentimentos sobre seu valor próprio dependem de alcançar algum tipo de objetivo (por exemplo, sucesso no trabalho ou aprovação de outras pessoas) e **autoaceitação incondicional**, em que você se valoriza independentemente de alcançar objetivos ou obter o respeito de outras pessoas.

Ellis defendia a autoaceitação incondicional. Ele admitia que a autoaceitação condicional pode ter benefícios – dar muita importância a alcançar objetivos pessoais ou cultivar relacionamentos pode, *às vezes*, motivá-lo a ir mais longe. No entanto, ele considerava que isso tem sérios inconvenientes:

- Pode levá-lo a se sentir mal consigo mesmo se não alcançar objetivos importantes.
- Pode levá-lo a focar exageradamente em conquistas superficiais.

- Pode torná-lo propenso a ser desonesto (porque você não quer admitir seu fracasso) ou a procurar aprovação social em vez de agir com integridade.

Ellis (em *The Myth of Self-Esteem*) e outros como David Burns (em seu livro *Ten Days to Self-Esteem* [*Autoestima em dez dias*]) argumentam de maneira contundente que cultivar a autoaceitação incondicional e ter uma visão saudável de si mesmo estão associados com não se considerar inferior ou sem valor *como um todo*. Se você for capaz de se aceitar por aquilo que é e de considerar que tem um valor intrínseco, independente de alcançar ou não determinados objetivos pessoais ou de ser elogiado por outras pessoas, será menos vulnerável à baixa autoestima.

Na visão de Ellis, é válido avaliar *seu sucesso com relação a* determinados objetivos ou aspirações, mas tente evitar julgar a si mesmo em termos gerais, ou seu valor como um todo, com base no fato de conseguir ou não realizar uma tarefa ou objetivo em particular.

EXPERIMENTE AGORA!

Cada vez que você perceber que está sendo autocrítico, ou cada vez que não alcançar um objetivo, admita para si mesmo que não alcançou seu objetivo ou que gostaria de ter agido de modo diferente, mas depois lembre-se de que isso *não* significa que você não tem valor. Se for útil, ao fazer isso você também pode recordar as afirmações que criou no capítulo 1 (página 29).

Vantagens da autoaceitação incondicional

Aceitar a si mesmo incondicionalmente pode trazer uma série de benefícios. Se você considera que tem valor independentemente de alcançar ou não determinados objetivos, agir de certas maneiras ou obter a aprovação de outras pessoas:

- Você pode ser mais feliz, porque não se sente tão pressionado a alcançar alguma coisa ou a ser de determinada maneira.

- Você dificilmente ficará tão desapontado se não conseguir alcançar um objetivo em particular.
- Você possivelmente será mais capaz de tomar decisões por si mesmo, porque não sente que seu valor depende da opinião de outras pessoas.
- Você não sentirá o estresse de se comparar frequentemente com outras pessoas ou com padrões excessivamente elevados.

DESVANTAGENS DA AUTOACEITAÇÃO INCONDICIONAL

No entanto, aceitar a si mesmo incondicionalmente pode ter algumas desvantagens:
- Você pode ficar menos ativo, porque sente que não precisa provar tanto seu valor.
- Você pode ficar mais preguiçoso.
- Você pode agir sem consideração ou respeito para com outras pessoas se chegar ao extremo de não valorizar a opinião dos outros ou de achar que é completamente autossuficiente.

Você pode minimizar a chance de essas desvantagens surgirem se lembrar que seu objetivo, como sugerimos no início do capítulo 1 (página 17), não é ter um nível excessivamente elevado de autoestima (o que pode resultar em arrogância ou prepotência), mas apenas alcançar um nível *razoável* de autoestima. Aceitar a si mesmo incondicionalmente não significa ser arrogante. Com efeito, Albert Ellis defendeu, em muitos de seus livros, que além de buscar a autoaceitação incondicional você também deve buscar a aceitação incondicional dos outros – as duas aspirações podem ser complementares.

EXPERIMENTE AGORA! Faça uma lista de quais vantagens e desvantagens poderia haver *para você* se pudesse se aproximar de uma atitude de autoaceitação incondicional. As vantagens superam as desvantagens? Existe alguma forma de minimizar o risco de ocorrerem as desvantagens que você identificou, ou de lidar com elas caso ocorram?

Não se julgue

Ligada à ideia de autoaceitação incondicional está a ideia de não se julgar por suas supostas fraquezas ou falhas. Uma maneira de tornar isso mais fácil é manter um registro consciente das descrições mentais de seus próprios erros e falhas, e então *reformular* o modo como você os descreveu originalmente, substituindo a linguagem negativa por uma linguagem menos emotiva, mais neutra e específica, para não fazer um julgamento moral de si mesmo.

ESTUDO DE CASO

Marcia: reformulando juízos negativos sobre si mesma

A relação de Márcia com seu parceiro de dois anos terminou há pouco tempo, e ela se tornou extremamente autocrítica, questionando se o fim do relacionamento se deveu a alguma falha pessoal da parte dela. Para ajudá-la a adotar uma postura de mais aceitação para consigo mesma, ela toma nota da linguagem que usa quando se critica e então, mentalmente, reformula as descrições, eliminando as frases mais julgadoras de modo que fiquem mais neutras e menos emotivas:

Autodescrição negativa: "Sou gorda demais".
Descrição neutra reformulada: "Tenho dificuldade de controlar o peso e não tenho o corpo que gostaria de ter".

Autodescrição negativa: "Sou péssima em comunicar às pessoas os meus sentimentos verdadeiros".
Descrição neutra reformulada: "Não expresso meus sentimentos para os outros tanto quanto gostaria".

Autodescrição negativa: "Sou terrivelmente desorganizada".
Descrição neutra reformulada: "Não organizo minhas tarefas de trabalho de modo tão eficaz como algumas pessoas".

Autodescrição negativa: "Sou um desastre com relacionamentos".
Descrição neutra reformulada: "Não estou em um relacionamento atualmente".

Transforme prescrições em preferências

Outra técnica recomendada por Albert Ellis que você pode usar para aceitar a si mesmo e outras pessoas é a seguinte: cada vez que você se vir fazendo uma declaração prescritiva de como você ou outra pessoa *deve ser* ou *deve se comportar*, tal como "Eu devo..." ou "Eu tenho que...", reformule a afirmação em sua cabeça (ou em voz alta, se estiver falando com alguém) de modo que expresse uma preferência, desejo, esperança ou intenção pessoal, em vez de uma prescrição inflexível. Por exemplo, em vez de dizer "Eu não posso errar desta vez", diga para si mesmo "Vou tentar não errar desta vez" ou "Espero não errar desta vez". Isso pode ajudá-lo a reduzir a tensão e o estresse e, assim, aumentar suas chances de sucesso.

Aceite sua aparência física

Se alguns dos seus sentimentos negativos com relação a si mesmo dizem respeito à aparência física, você pode experimentar um exercício que consiste em se olhar num espelho de corpo inteiro e focar honestamente em cada um dos aspectos "ruins" que o desagradam em seu corpo, mas tentar fazer isso de um modo observacional e neutro, em vez de emocional e condenatório. Nathaniel Branden, em seu livro *Autoestima e os seus seis pilares*, e Elis, em *The Myth of Self-Esteem*, incluem um exercício desse tipo para ajudar com a autoaceitação no que concerne à imagem corporal (Ellis atribui a versão que ele descreve a Jeffrey Brandsma).

O elemento crucial ao fazer esse exercício de examinar minuciosamente suas imperfeições físicas é tentar fazê-lo com uma atitude de calma e aceitação (por mais difícil que seja). Aceitação, aqui, não significa que você não vá tentar fazer alguma coisa para melhorar aspectos de sua aparência que não o agradam, ou que não vá tentar ser mais saudável, mas significa que, *se você não conseguir mudar, ainda assim se aceita*. Você pode focar em aspectos que deseja mudar e elaborar um plano para tentar fazer isso, mas, ao mesmo tempo, ter em mente que pode aceitar essas supostas imperfeições e continuar a agir e a viver de maneira positiva, independente de alcançar ou não a mudança desejada.

Para algumas pessoas, aprender a não julgar a si mesmas ou sua aparência física de modo muito severo pode ser extremamente difícil. Nessas circunstâncias, você talvez considere útil usar a *auto-observação imparcial* para registrar seus pensamentos, sentimentos e sensações quando está sendo crítico consigo mesmo.

Quando tiver um pensamento negativo sobre si mesmo ou sobre sua aparência, tente simplesmente *observar* seus pensamentos e sentimentos e sensações ou mudanças fisiológicas de um modo imparcial. Para ajudá-lo com essa observação imparcial, você talvez considere útil descrever seus pensamentos/sentimentos/sensações na terceira pessoa (como ilustrado no exemplo a seguir). Ao fazer isso, imagine que você é um amigo a observá-lo compassivamente, ou um cientista a observá-lo de modo imparcial, como se estivesse relatando informações.

Por exemplo, alguém experimentando o exercício de se olhar no espelho e examinar o corpo minuciosamente poderia relatar seus pensamentos, sentimentos etc. da seguinte forma (usando a terceira pessoa, em vez de "eu"): "John está olhando para sua barriga, John está pensando que é gordo, John está chateado, John está se sentindo tenso, John está tentando relaxar os ombros...".

Como no exemplo anterior, se você usar essa técnica de relato imparcial e ainda assim os sentimentos negativos insistirem em aparecer, tente não se julgar por isso – simplesmente relate-os e passe para a próxima observação, se conseguir.

Você também talvez perceba que técnicas de meditação e respiração contribuem para alcançar o tipo de calma e distanciamento que pode ajudá-lo a aceitar a si mesmo. O capítulo 4, *Observe-se*, contém mais informações sobre práticas básicas de meditação (página 131).

UMA ATITUDE SAUDÁVEL PARA COM SEUS PRÓPRIOS ERROS E DEFEITOS

A seguir, estão *três atitudes diferentes* que você pode ter ao refletir sobre seus próprios defeitos:

1. **Atitude defensiva/negação:** você não admite para si mesmo que tem os defeitos ou os minimiza porque os vê como impróprios, ruins ou mesmo imperdoáveis.
2. **Aceitação (sem se julgar):** você reconhece falhas, erros e defeitos honestamente e ao mesmo tempo se aceita, percebendo que todos temos defeitos.
3. **Autocondenação:** você enxerga seus defeitos e se condena como ser humano por tê-los, não reconhecendo que é normal ter defeitos e cometer erros ou fracassar em alguns empreendimentos.

Em consonância com as ideias de Ellis sobre autoaceitação incondicional, sugiro que a categoria intermediária – aceitar seus erros ou defeitos sem se julgar – é uma base mais sólida para um nível razoável de autoestima do que um dos dois extremos.

O MODELO ABC DAS EMOÇÕES

Algum tempo antes de escrever seu livro sobre autoestima, Ellis desenvolveu um modelo para observar a relação entre padrões de pensamento e emoções, que também pode ser útil para ajudá-lo a lidar com questões em torno da autoaceitação. Em sua formulação inicial, foi chamado de "modelo ABC das emoções". Passou a ser um dos métodos mais famosos usados na terapia cognitivo-comportamental (ou TCC). O modelo analisa o desenvolvimento de emoções na sequência **A**: *activating event* (acontecimento ativador); **B**: *belief* (crença); **C**: *consequent emotion* (consequência emocional). (Em alguns de seus livros, Ellis usa o termo "adversidade" em vez de "acontecimento ativador", porque o contexto em que a TCC é usada geralmente é um em que o acontecimento ativador inicial é algo que, para a pessoa envolvida, parece ser uma situação problemática ou adversa.)

Um exemplo simples de análise usando o modelo ABC das emoções seria:

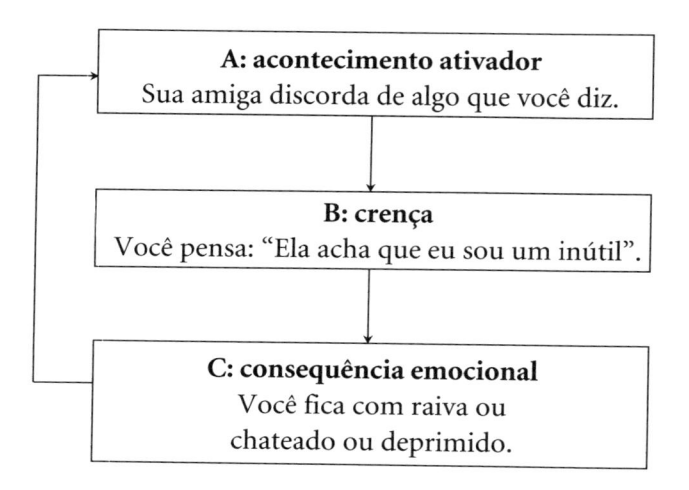

> **A: acontecimento ativador**
> Sua amiga discorda de algo que você diz.
>
> **B: crença**
> Você pensa: "Ela acha que eu sou um inútil".
>
> **C: consequência emocional**
> Você fica com raiva ou chateado ou deprimido.

Nesse exemplo, é bem possível que você aja de modo intolerante para consigo mesmo – passando do mero fato de sua amiga discordar de você para a crença de que ela deve achar que você é um inútil, e vendo isso como algo horrível.

Outro exemplo de uso do modelo ABC para analisar uma situação em que você não adota uma atitude de aceitação para consigo mesmo e suas ações é o seguinte:

A: acontecimento ativador
Eu me esqueci de incluir um dos documentos que deveria trazer para uma reunião e tive dificuldade de contribuir para a discussão sobre o assunto.

B: crença
"Por que eu nunca consigo fazer o que pretendo? Sou tão desorganizado. Meu colega de trabalho jamais teria feito isso. Sou um idiota."

C: consequência emocional
Irritado comigo mesmo, frustrado e estressado.

EXPERIMENTE AGORA! Quando tiver uma experiência que o leve a fazer avaliações negativas de si mesmo, use o modelo ABC de Ellis para registrar o acontecimento ativador que provocou seus sentimentos; os pensamentos ou crenças que passaram pela sua cabeça; e a consequência emocional. (Posteriormente, vamos considerar o que você pode fazer para lidar com essas avaliações negativas e autocríticas!)

QUESTIONAR-SE: UM CAMINHO PARA MAIS AUTOACEITAÇÃO

Ellis, mais tarde, acrescentou a seu modelo ABC um "D", de "*disputation*" ("questionamento"), e também um "E" para os "efeitos" positivos desse questionamento, ou os seus resultados "energizantes". O questionamento fornece a chave para o que provavelmente o ajudará a interromper um padrão de pensamentos autocríticos e sentimentos negativos para consigo mesmo: o uso de técnicas para questionar e desafiar seu próprio pensamento autocrítico.

Pode parecer estranho afirmar que questionar a si mesmo pode levá-lo a se aceitar mais. No entanto, a ideia é questionar pensamentos irracionais, excessivamente negativos e autocríticos, de modo que seu pensamento seja mais *equilibrado*. A seguir há um checklist com perguntas essenciais que sugiro usar para ajudá-lo a conseguir isso:

1. Pergunte-se: "Se eu estivesse conversando com um amigo que se encontrasse na minha situação e ele estivesse expressando esses pensamentos autocríticos, o que eu lhe diria?"
   As respostas podem incluir sugestões como:
   - "Não seja tão duro consigo mesmo."
   - "Ninguém mais percebeu, então não importa."

2. Ou então imagine que um amigo fiel e sensato está falando com você sobre sua percepção autocrítica. O que ele lhe diria?

   As respostas podem incluir ideias similares às anteriores, ou outros pontos relacionados especificamente com a situação ou com suas qualidades pessoais, tais como:

   - "Talvez organização não seja o seu ponto forte, mas você tem outras qualidades mais importantes, como ser um bom amigo."
   - "Não é o fim do mundo. Você cometeu um erro, ponto final. Todo mundo erra de vez em quando."

3. Pergunte-se se a sua avaliação autocrítica é *precisa ou exagerada* – por exemplo, se perceber que sua afirmação autocrítica inclui as palavras "nunca" ou "sempre", você pode conseguir amenizá-la reconhecendo que *às vezes* comete tal erro ou age de tal forma, mas *em outras ocasiões* age do modo como gostaria.

4. Pergunte-se se há situações similares nas quais você agiu bem. Com frequência, as pessoas se lembram dos erros e falhas, mas não dos acertos; então, contextualize a situação, reconheça que *nessa ocasião* você talvez não tenha agido como gostaria, mas lembre-se de que *em outras ocasiões*, sim.

5. Mesmo que seu pensamento autocrítico seja verdadeiro, pergunte-se o quanto isso importa. É realmente tão importante quanto você acha? É uma questão de vida ou morte ou apenas algo que, num mundo ideal, você teria feito diferente?

6. Quando chegar ao fim do checklist, crie uma frase baseada em uma ou mais de suas respostas. Diga essa frase para si mesmo quando tiver os pensamentos negativos, de modo a questioná-los e colocá-los em uma perspectiva mais equilibrada (examinaremos em mais detalhes essa ideia de criar um "pensamento equilibrado" ou "afirmação equilibrada" posteriormente neste capítulo – ver páginas 65-69).

Em uma situação que você tenha analisado usando o modelo ABC, ou em outra situação em que esteja sendo extremamente crítico consigo mesmo, lembre-se do "D" e tente desafiar seus pensamentos autocríticos usando as cinco perguntas do checklist acima para se questionar.

A TCC E A AUTOACEITAÇÃO

Ellis foi uma das duas pessoas que, na segunda metade do século XX, propuseram ideias relacionadas, embora não idênticas, que mais tarde passaram a ser descritas sob o termo "terapia cognitivo-comportamental", ou TCC. Sua abordagem foi influenciada pelo pensamento de antigos filósofos gregos como Epiteto, que afirmou que "as coisas não inquietam os homens, mas as opiniões sobre as coisas".[1]

A terapia cognitivo-comportamental se baseia na ideia da citação acima, encorajando-o a tentar ver situações, problemas e relacionamentos de maneiras novas ou diferentes e a assumir

---
1. *O Encheirídion de Epicteto.* Dinucci, Aldo; Julien, Alfredo (Trads.). Sergipe: Editorial Prometeus/EdiUFS, 2012. (N.T.)

responsabilidade pelo modo como você encara ou reage aos acontecimentos. A abordagem de Ellis, que começou a usar em meados dos anos 1950 e aprimorou nas décadas subsequentes, possibilita que os clientes modifiquem crenças autodestrutivas, ajudando-os a enxergar a irracionalidade ou inflexibilidade inerente a essas crenças. Ellis chamou seu método de terapia racional (posteriormente rebatizada de "terapia racional emotiva" ou "terapia racional emotiva comportamental"). Como indicado acima, essa também é vista frequentemente como uma forma de terapia cognitivo-comportamental.

A outra figura central no desenvolvimento de teorias da TCC é o Dr. Aaron Beck. Beck desenvolveu seu sistema de "terapia cognitiva" no início dos anos 1960 como psiquiatra na Universidade da Pensilvânia. Ele havia estudado e exercido a psicanálise e, a fim de procurar validação científica para as teorias da psicanálise, realizou pesquisas para testar os conceitos psicanalíticos de depressão. Para sua surpresa, os resultados da pesquisa *não* validaram os conceitos psicanalíticos, e então ele começou a testar e investigar métodos alternativos. As ideias que ele desenvolveu, como as de Ellis, podem ser usadas para ajudá-lo a lidar com questões de baixa autoestima e a ter mais autoaceitação, se você tem uma tendência a subestimar e depreciar seus esforços e a si próprio.

PENSAMENTOS AUTOMÁTICOS NEGATIVOS

Trabalhando com pacientes deprimidos, Beck descobriu, em vez dos conceitos psicanalíticos que esperava validar, que um traço frequente neles era terem pensamentos negativos que pareciam ocorrer de maneira espontânea, para os quais ele cunhou o termo "pensamentos automáticos". Os pensamentos dos pacientes deprimidos se enquadravam em três tipos:

1. Pensamentos negativos sobre si mesmo
2. Pensamentos negativos sobre o mundo
3. Pensamentos negativos sobre o futuro

O primeiro tipo, pensamentos negativos sobre si mesmo, é extremamente relevante para o assunto da autoestima e, em particular, da autoaceitação. Todos temos *alguns* pensamentos negativos sobre nós mesmos, mas se você *frequentemente* tem pensamentos negativos sobre si mesmo e sobre as coisas que faz ou deixa de fazer, ou se seus pensamentos negativos são extremos, esse é um indício de que você tem baixa autoestima.

ESTUDO DE CASO

Sanjay: conclusões negativas precipitadas sobre si mesmo

Sanjay é um aluno de origem humilde que tira uma nota relativamente baixa em um exame preparatório alguns meses antes de uma prova importante. Sua reação automática e instintiva ao resultado do teste é pensar: "Eu sou burro" (pensamento negativo sobre si mesmo) e "Eu não vou passar na prova" (pensamento negativo sobre o futuro).

Os pensamentos negativos de Sanjay o levam a se sentir extremamente ansioso e deprimido. O modo como ele rapidamente chega a uma caracterização geral e conclusão negativa acerca de si mesmo ("Eu sou burro") com base em uma nota baixa ilustra sua falta de autoestima.

Parte da caracterização negativa de Sanjay é que ele se vê como inadequado de certo modo e acha que tirar uma nota baixa é vergonhoso ou inaceitável. Ele tem dificuldade de se aceitar se não consegue realizar o que acha que deveria.

COMO LIDAR COM PENSAMENTOS NEGATIVOS SOBRE SI MESMO

A terapia cognitiva, concebida por Beck, encoraja as pessoas a examinarem seus pensamentos negativos e a desafiarem ou questionarem possíveis distorções ou exageros em suas conclusões e pontos de vista.

É importante perceber que a terapia cognitiva (e, de modo similar, a terapia cognitivo-comportamental) *não* diz que se temos um pensamento negativo automático este necessariamente é de todo injusto ou equivocado. O que faz é nos pedir para examinar os indícios para nossas crenças, para verificar se elas são totalmente justificadas e, se não, moderá-las da maneira apropriada.

ESTUDO DE CASO

Sanjay (continuação): lidando com pensamentos negativos

Usando técnicas cognitivas com Sanjay, um terapeuta ou coach poderia encorajá-lo a procurar exageros ou distorções em seus pensamentos, anotar de que maneiras eles eram distorcidos e então equilibrá-los com afirmações mais realistas, para se lembrar da realidade e colocar sua situação em perspectiva. Em tal contexto, Sanjay poderia fazer observações mais realistas, tais como:

Você poderia ter se saído melhor no teste, mas isso não prova que você é burro.

Ou:

Você pode não passar no teste, mas, mesmo que não passe, haverá uma oportunidade de fazê-lo novamente e, se você pedir ajuda ao professor sobre onde errou, pode conseguir se sair melhor na prova oficial.

Recordar essas afirmações mais equilibradas poderia ajudar Sanjay a amenizar seus sentimentos de desânimo e seus pensamentos negativos, além de ajudá-lo a encarar os testes preparatórios e a prova oficial de maneira mais construtiva.

TERMO-CHAVE: Um **pensamento equilibrado** (que também pode ser chamado de afirmação equilibrada) é algo que você pode dizer a si mesmo para ajudá-lo a colocar em perspectiva pensamentos negativos ou autocríticos.

A seguir estão alguns exemplos de pensamentos equilibrados que as pessoas podem criar em determinadas situações para colocar pensamentos autocríticos em perspectiva.

Situação: Sarah está assistindo TV com seu companheiro, John, quando ele começa a expressar seu desagrado a respeito de um político que está falando no noticiário. Sarah concorda com algumas das opiniões do político e acha que John as descreveu de um modo impreciso, e por isso contesta seus comentários. John então sai da sala.
Crenças/pensamentos: "Eu não devia ter contrariado John".
Sentimentos: Culpada.
Pensamento equilibrado: *Foi aceitável contrariar John, porque você não concordava com o que ele estava dizendo.*

Situação: Paul está trabalhando duro em uma tarefa difícil da qual seu chefe lhe incumbiu.
Crenças/pensamentos: "Eu não vou conseguir terminar essa tarefa a tempo, e meu chefe vai ficar bravo comigo. Eu nunca consigo fazer as coisas direito".
Sentimentos: Irritado consigo mesmo e estressado.
Pensamento equilibrado: *Faça o melhor que puder para terminar o trabalho a tempo, mas não é o fim do mundo se você não conseguir.*

Situação: Linda chega em casa e percebe que sua mãe veio sem avisar enquanto ela esteve fora e mudou alguns dos seus pertences de lugar ao arrumar a casa. Ela reage furiosa e grita com a mãe.

Crenças/pensamentos: "Eu gritei com a minha mãe; isso prova que sou totalmente insensível".
Sentimentos: Furiosa consigo mesma e desanimada.
Pensamento equilibrado: *Certo, você fez algo que preferia não ter feito. Você não pode voltar no tempo, mas pode pedir desculpas para a sua mãe e tentar agir de modo diferente se a situação se repetir.*

Situação: Jean-Paul dá uma palestra em uma conferência como parte de seu trabalho. Ele se esquece de apresentar alguns dos pontos que pretendia. No entanto, ninguém parece notar, e alguns participantes interessados fazem uma série de perguntas no final, às quais ele responde bem.
Crenças/pensamentos: "Minha palestra foi uma porcaria. Todo mundo vai achar que eu não sou capaz".
Sentimentos: Frustrado consigo mesmo.
Pensamento equilibrado: *Algumas pessoas lhe deram um bom feedback. Outras talvez tenham achado que você poderia ter feito melhor, mas é difícil agradar a todos. Esse é um aspecto do seu trabalho que você sabe que considera difícil, mas cada pessoa tem qualidades diferentes, e não há qualquer indício concreto de que as pessoas pensem que você não é capaz de desempenhar sua função.*

Situação: Serena está frustrada com algo que uma de suas amigas fez e menciona o fato em uma conversa com outra amiga, Tamsin, mas só recebe uma resposta superficial.
Crenças/pensamentos: "Tamsin não olhou para mim quando eu estava falando, e respondeu com um mero 'sim'. Obviamente ela não concordou com o que eu disse. Eu sempre falo demais. Eu a ofendi".
Sentimentos: Ansiosa, culpada.
Pensamento equilibrado: *É possível que Tamsin não tenha gostado do que você disse, mas há outras explicações plausíveis para a resposta dela. Por exemplo, ela talvez estivesse pensando em outra coisa completamente diferente e você pode estar tirando conclusões precipitadas.*

Você pode criar pensamentos equilibrados que o ajudem a se reconciliar com situações ou acontecimentos passados e a se sentir melhor com relação a eles. Também pode usar pensamentos equilibrados no presente, quando surgirem situações difíceis e pensamentos negativos ou autocríticos.

NÃO ESQUEÇA!!! Permita-se errar! Ninguém é perfeito, e é errando que se aprende.

Como criar pensamentos equilibrados

A primeira forma de criar pensamentos equilibrados é ter em mente que o que você está tentando fazer é criar uma afirmação realista para si mesmo que possa ajudá-lo a colocar em perspectiva seus pensamentos negativos ou autocríticos; então, simplesmente proponha algumas ideias e veja se elas de fato ajudam a ver o pensamento negativo original de um modo mais realista.

Se, no entanto, você tiver dificuldade de criar pensamentos equilibrados por esse método inicial, uma segunda tática que pode usar é repassar as cinco perguntas no checklist das páginas 60 e 61 e ver se elas o ajudam a conceber pensamentos equilibrados que sejam úteis na situação em questão.

Outra forma de criar pensamentos equilibrados é usar o acrônimo ACEITE, que criei para ajudar os clientes a memorizarem diferentes maneiras de desenvolver uma atitude mais tolerante para consigo mesmos. Algumas das maneiras esboçadas no acrônimo ACEITE coincidem com as perguntas no checklist das páginas 60 e 61, mas o acrônimo pode ajudá-lo a recordá-las mais facilmente.

Use o acrônimo ACEITE para ajudá-lo a desenvolver uma atitude de autoaceitação

Caso você se perceba adotando uma atitude intolerante para com coisas que faz ou deixa de fazer, ou tendo pensamentos autocríticos, anote exatamente qual a atitude ou o pensamento. Então, usando uma ou mais das técnicas indicadas a seguir, crie e anote um pensamento equilibrado para dizer a si mesmo a fim de ajudá-lo a colocar o pensamento negativo original em perspectiva.

Aceite-se:
Não seja tão duro consigo mesmo. O que você diria se estivesse sendo um pouco mais complacente consigo mesmo? Anote sua resposta como seu pensamento equilibrado.

Consulte um amigo:
O que você diria a um amigo na sua situação, ou o que um bom amigo lhe diria? Anote sua resposta como seu pensamento equilibrado.

Encare as coisas de modo construtivo:
Se lhe perguntassem o que há de positivo na situação ou o que você poderia aprender com ela, o que você diria? Anote sua resposta como seu pensamento equilibrado.

Investigue alternativas:
De que outras maneiras você poderia interpretar as ações, comportamentos ou acontecimentos que o estão levando a tirar conclusões negativas sobre si mesmo? É possível que sua avaliação negativa de si mesmo seja um pouco exagerada? Qual seria uma interpretação mais moderada ou equilibrada acerca da importância da situação? Anote suas respostas como seu pensamento equilibrado.

Trate de se preparar para o pior:
Enfrente seus medos! Imagine que aconteceu o pior – quão grave isso seria em uma escala de 1 a 10, se comparado com outros

acontecimentos possíveis? E como você poderia reagir a isso? Anote suas respostas como seu pensamento equilibrado.

Encontre outro foco:
Realmente vale a pena gastar toda a sua energia emocional e mental com isso? Se você não conseguir resolver a situação em sua cabeça, considere fazer algo ativo ou focar em outra coisa completamente diferente por um tempo, para aliviar sua mente de pensamentos circulares ou improdutivos que podem estar afetando sua autoestima e sua fé em si mesmo. Isso não é um pensamento equilibrado – é uma ação. Você pode dizer algo para si mesmo, como "*PARE!*", ou estalar um elástico no próprio pulso para ajudá-lo a sair do ciclo de pensamentos negativos, e então fazer um esforço para encontrar algo com que se ocupar e ocupar seus pensamentos – uma atividade física, uma palavra cruzada ou um trabalho.

A IMPORTÂNCIA DA PRÁTICA

Os coaches ou terapeutas que usam técnicas e princípios de TCC muitas vezes salientam a importância da prática (Beck, em particular, enfatiza a importância de adotar uma atitude experimental e testar algumas das ideias ou técnicas para ver como você se sai). Pratique criar pensamentos equilibrados por um tempo até que isso tenha se tornado um hábito. O objetivo não é se livrar de pensamentos negativos ou autocríticos, mas encontrar um método que o ajude a lidar com eles e a colocá-los em perspectiva, o que, por sua vez, o ajudará a se sentir melhor consigo mesmo e a agir de maneiras mais construtivas. Como primeiro passo, tente observar o que está pensando e registre pensamentos autocríticos diariamente durante uma ou duas semanas usando o modelo ABC de Ellis (páginas 57-59), então crie pensamentos equilibrados para cada pensamento autocrítico usando os métodos descritos acima. Leia os pensamentos equilibrados para si mesmo para se lembrar de manter sua autocrítica em perspectiva. Se surgirem padrões de pensamento específicos, tente observar quando um desses padrões surgir e, em vez de ser duro consigo mesmo por permitir que isso aconteça, seja mais gentil. Admita que o padrão está surgindo novamente e lembre-se do pensamento equilibrado que você criou para lidar com ele.

Seja paciente – padrões de pensamento negativos e autocríticos tendem a se tornar habituais. Portanto, para "desaprendê-los", esteja preparado para praticar essa técnica por um tempo. Parabenize-se cada vez que encontrar um pensamento equilibrado que o ajude!

Se você se esquecer de usar um pensamento equilibrado ou se este não funcionar muito bem em outra ocasião, não se critique. Faça uma pausa (literalmente, saia e faça algo relaxante, se possível) ou então se pergunte se existe alguma outra coisa que você possa tentar da próxima vez para ajudá-lo a se lembrar de usar o pensamento equilibrado ou a conceber um diferente que possa, de fato, funcionar melhor para você na situação.

ANALISE SEUS PENSAMENTOS NEGATIVOS

Para algumas pessoas, a técnica dos pensamentos equilibrados pode ser eficaz para lidar com as situações em que pensamentos negativos vêm à mente. No entanto, se você quiser entender melhor quais padrões estão atuando em seus pensamentos negativos, a fim de modificá-los com mais precisão, a TCC oferece várias formas específicas de classificar diferentes **padrões de pensamentos distorcidos**.

Se achar que algum ou todos os padrões de "pensamento distorcido" apresentados a seguir se aplicam a você, não perceba isso como um problema particular – a maioria das pessoas têm esse tipo de dificuldade em maior ou menor grau e podem se beneficiar ao compreender que tipos específicos de pensamento distorcido mais se aplicam a elas, para que possam aprender a corrigi-los, restabelecer o equilíbrio, sentir-se melhor e agir melhor.

Pense de maneira flexível e criativa

A seguir, listo alguns padrões de pensamento distorcidos que podem ocorrer e faço algumas sugestões quanto aos tipos de abordagem que podem ajudá-lo, se você acha que tem uma tendência a um padrão de pensamento em particular.

Polarização ("tudo ou nada"): Envolve extremos de pensamento, sem reconhecer que as realidades podem ter nuances de complexidade ou cor – por exemplo, achar que algo é perfeito ou incorrigível, que alguém é um demônio ou um santo.

O que tentar:
- Pense em algumas possibilidades intermediárias, se conseguir.
- Reconheça que a maioria das pessoas (incluindo você) têm algumas características boas e outras não tão boas. Esteja preparado para identificar ambos os lados de uma pessoa (atenção à exceção: se sua segurança pessoal ou a de uma pessoa que você conhece for ameaçada por alguém, meu conselho é que você tome medidas sensatas para se proteger – nesses casos extremos, a segurança deve vir antes do equilíbrio).
- Admita que você talvez não tenha todas as informações necessárias para entender plenamente uma situação e esteja preparado para se abster de fazer um julgamento, se esse for o caso.

Leitura de pensamentos: Envolve *presumir* que outras pessoas estão pensando certas coisas sobre você ou fazendo coisas por uma razão em particular, sem ter indícios suficientes que justifiquem tal presunção.

O que tentar:
- Se a pessoa sobre a qual você faz a presunção está conversando com você ou agindo de determinada maneira, tente criar algumas explicações alternativas possíveis para o que a pessoa está fazendo ou dizendo, e então avalie qual das explicações

alternativas parece mais razoável. Se houver duas ou mais explicações igualmente possíveis ou se você não conhece todos os fatos, admita isso.
- Se estiver imaginando que alguém que não está conversando com você, mas que está presente (por exemplo, em uma situação social ou de trabalho), está pensando mal de você, lembre-se de que outras pessoas podem ter seus próprios problemas e simplesmente não estar pensando a seu respeito.
- Imagine, hipoteticamente, que você *esteja* certo quanto à explicação do comportamento da outra pessoa. Tente esclarecer para si mesmo por que isso importa tanto para você – e então se pergunte qual é a resposta mais construtiva que você pode dar, mesmo que sua suposição seja correta.

Adivinhação ou catastrofização: Imaginar que o pior vai acontecer ou fazer previsões negativas em sua mente.

O que tentar:
- Pergunte-se que indícios existem para corroborar sua visão de que o pior está para acontecer e quais os indícios de que pode ocorrer algo mais favorável.
- Na sua opinião, qual a probabilidade, em termos percentuais, de que o acontecimento temido venha a ocorrer?
- O que você pode fazer para diminuir a possibilidade de que aconteça?
- O que você pode fazer ou dizer para si mesmo para ajudá-lo a lidar com a situação temida, caso aconteça?

Generalização: Envolve fazer afirmações abrangentes que não permitem exceções, como: "Por que eu sempre...?" ou "Por que eu nunca...?". Esse pode ser um pensamento sobre si mesmo ou sobre outra pessoa ou, ainda, sobre um certo grupo de pessoas – por exemplo, homens ou mulheres, ou pessoas de determinada região, cultura ou religião.

O que tentar:
- Pergunte-se se uma afirmação mais moderada não seria mais precisa, por exemplo, "Eu *às vezes*..." ou "Eu *frequentemente*...".
- Tente ser justo, sensato e preciso nas afirmações sobre si mesmo e sobre outras pessoas.
- Avalie os indícios a favor e contra a proposição que você está fazendo e pergunte-se se *realmente* justificam a generalização abrangente.

Rotulação: Envolve categorizar pessoas ou situações de acordo com rótulos extremos (quase sempre rótulos negativos, embora rótulos excessivamente positivos também possam levar a problemas quando uma pessoa não é capaz de corresponder à fantasia que se tem dela). Você pode aplicar um rótulo a si mesmo e/ou a outras pessoas – ambas as atitudes podem alimentar sua baixa autoestima. Os exemplos incluem acusar a si mesmo ou a outrem de ser "imprestável", "inútil", "um fracasso" ou "egoísta".

O que tentar:
- Lembre-se de que pessoas e mesmo situações são complexas e que você também, como qualquer outra pessoa, tem algumas qualidades boas e outras não tão boas.
- Admita gradações e a possibilidade de que algumas pessoas (incluindo você mesmo) podem ser boas em algumas coisas e não tão boas em outras.
- Conceda que os outros sejam imperfeitos às vezes.
- Se você está aplicando um rótulo negativo a outra pessoa, considere dar a oportunidade de a pessoa comentar a respeito. Mesmo que você esteja certo, veja se existe uma maneira de comunicar isso evitando a generalização – por exemplo, fale sobre como ela *se comportou* em determinada situação e pergunte de que outro modo ela poderia se comportar se a situação ocorresse novamente.
- Se você insistir em aplicar um rótulo negativo a si mesmo ou a outras pessoas e tiver certeza de que sua percepção está correta,

decida quais são suas opções para lidar com a situação e como quer reagir. Se você tem uma tendência a pensar em si mesmo como vítima, pergunte-se quais são suas opções e escolha a mais construtiva que puder.
- Se você está aplicando um rótulo negativo a si mesmo, pergunte-se o que pode fazer para criar pelo menos *algumas* situações em que o rótulo negativo não se aplique ao seu comportamento. Você não precisa corresponder ao rótulo *o tempo todo*.

Tirania dos deveres (exigir demais de si mesmo ou de outras pessoas): Mais uma vez, os julgamentos podem dizer respeito a outras pessoas ou a si mesmo.

O que tentar:
- Tente evitar palavras moralistas dogmáticas como "preciso", "devo", "tenho que" e experimente "desejo", "prefiro", "quero" ou outras palavras que reflitam seus sentimentos e desejos em vez de fazer uma exigência a si mesmo ou a outras pessoas.
- Se você tem uma tendência a exigir demais de si mesmo, antes de se comprometer a fazer alguma coisa pondere as vantagens e desvantagens das diferentes respostas e escolha a que considerar mais sensata, em vez de automaticamente tentar fazer tudo ou agradar a todos.
- Lembre-se de que você tem o direito de ter algum tempo para si mesmo e para atender suas próprias necessidades.
- Se você está fazendo exigências a outra pessoa, pergunte-se: *ajudará* em algo se eu fizer exigências ou criar expectativas (seja verbalmente ou em pensamento)? Uma alternativa poderia ser fazer um pedido ou diminuir um pouco suas expectativas em relação à outra pessoa (e também em relação a si mesmo, se você espera ser sempre perfeito em determinado papel). Ninguém é perfeito.
- Tenha suas próprias normas, ideais e preferências, mas tente não *insistir* para que o mundo (ou você) sempre funcione de acordo com elas ou *deva* fazê-lo, já que o mundo talvez não

concorde! Em vez disso, reconheça simplesmente que você *preferiria* ou *gostaria* que o mundo ou outra pessoa (ou você mesmo) agisse de modo diferente (esta é a sugestão dada por Albert Ellis, mencionada anteriormente neste capítulo no subtítulo "Transforme prescrições em preferências", página 55).

- Se o comportamento de outra pessoa for claramente agressivo ou nocivo, não colabore com isso, mas pergunte-se que opções você tem para evitar os efeitos nocivos ou mudar a situação.

Raciocínio emocional: Você sente de um certo modo e então presume que seu sentimento deve ser justificado pela situação – por exemplo, você se sente um fracasso, então presume que é um fracasso.

O que tentar:

- Examine indícios reais que corroborem e contrariem sua interpretação da situação e avalie a possibilidade de alternativas.
- Pergunte-se o que um amigo em cuja opinião você confia diria sobre a situação.
- Lembre-se de que só por que você está infeliz com uma de suas ações ou com uma situação não significa que você só tenha defeitos ou que a situação sempre será a mesma.
- Pense em alguns exemplos contrários em que você poderia se sentir do mesmo modo, mas a explicação correta seja diferente daquela que você presume.
- Se você tem uma tendência ao raciocínio emocional, lembre-se disso e faça uma pausa antes de fazer uma avaliação.

Autodepreciação: Você está sempre se diminuindo.

O que tentar:

- Lembre-se de algumas das afirmações que você criou no capítulo 1.
- Pergunte-se o que um bom amigo lhe diria nessa situação.

- Faça uma nota mental de que você está prestes a se diminuir e decida não fazer isso.
- Almeje uma pequena melhoria da próxima vez, em vez de almejar a perfeição.

Desqualificação dos aspectos positivos: Você só vê as coisas negativas em si mesmo ou em suas ações, nunca as positivas.

O que tentar:
- Lembre-se de algumas das afirmações que você criou no capítulo 1.
- Pergunte-se o que um bom amigo lhe diria nessa situação.
- Pergunte-se o que você diria se tivesse de reformular o pensamento negativo de modo a encontrar algo de positivo na situação.

EXPERIMENTE AGORA!

Mantenha um registro das vezes em que você tem um pensamento autocrítico negativo e especifique:

1. Qual é o pensamento negativo.
2. Que tipos de padrão de pensamento distorcido estão envolvidos.
3. Um pensamento equilibrado a ser usado para lidar com o pensamento negativo – use uma das técnicas mencionadas anteriormente para criar seu pensamento equilibrado.

Assim que tiver uma ideia dos padrões específicos de pensamento negativo a que tem propensão, crie um plano englobando:

1. O(s) tipo(s) de pensamento negativo aos quais você tem uma tendência.
2. Exemplos dos tipos de situação em que você tende a pensar dessa maneira.
3. O que você pode tentar fazer quando perceber que está pensando dessa maneira.

A seguir há um exemplo de plano que você pode criar.

Tipo de padrão de pensamento negativo: Ler pensamentos.

Exemplo de uma situação em que tendo a pensar dessa maneira: Quando estou em uma reunião de trabalho ou em uma situação social pouco familiar com pessoas que não conheço, tendo a pensar que as pessoas devem estar achando que eu não sei o que estou fazendo ou que sou desajeitado e pareço nervoso.

O que posso tentar fazer quando perceber que estou pensando dessa maneira:
- Lembrar que outras pessoas têm seus próprios problemas e podem não estar prestando atenção em mim ou pensando a meu respeito.
- Perguntar a mim mesmo que outras possibilidades menos negativas pode haver para o que as outras pessoas estão pensando e avaliar qual delas é mais provável. Ou, se eu simplesmente não conseguir identificá-las, admitir isso.

Tipo de padrão de pensamento negativo: Adivinhação / catastrofização.

Exemplo de uma situação em que tendo a pensar dessa maneira: Se estou em um relacionamento, tendo a prever que vai dar errado e imaginar o pior, por medo de a outra pessoa me rejeitar.

O que posso tentar fazer quando perceber que estou pensando dessa maneira:
- Perguntar a mim mesmo que indícios existem para corroborar a visão de que o pior está para acontecer e quais os indícios de que pode ocorrer algo mais favorável.
- Lembrar os aspectos positivos do relacionamento.
- Reconhecer que, mesmo que o pior aconteça, serei capaz de lidar com a situação.

- Fazer outras coisas para construir uma vida equilibrada, que me ajude a não depender da aprovação ou validação dessa pessoa.

Tipo de padrão de pensamento negativo: Exigir demais de mim mesmo.

Exemplo de uma situação em que tendo a pensar dessa maneira: Se alguém me pede para fazer alguma coisa, tendo a pensar que devo fazer o que a pessoa está me pedindo para agradá-la.

O que posso tentar fazer quando perceber que estou pensando dessa maneira:
- Parar antes de concordar em fazer coisas que não tenho certeza de que quero fazer.
- Ponderar as vantagens e desvantagens das diferentes respostas e escolher uma com base na análise em vez de automaticamente tentar fazer tudo ou agradar a todos.
- Lembrar que tenho o direito de ter algum tempo para mim mesmo e para atender minhas próprias necessidades.

Se achar que há outros padrões de pensamento negativo que se aplicam a você, ou se tiver suas próprias estratégias que você sabe ou acredita que poderiam funcionar na sua situação, sinta-se livre para incluí-los. Você não tem de seguir unicamente as estratégias que apresentei – essas são sugestões que podem ser úteis, mas não são as únicas.

> **DICA ÚTIL** Lembre-se de que você está tentando alcançar resultados práticos para si mesmo, e não ficar preso a uma mentalidade sobre o que é certo e errado – se conseguir, concentre-se em determinar o que é *útil* para você na situação, e não se você ou outra pessoa está certa ou errada.

Se perceber que algo que experimentou é útil, experimente de novo. Senão, tente algo diferente. Lembre-se de que dificilmente podemos aprender sem cometer erros, então não pense que deve acertar da primeira vez e sempre. Há um famoso ditado usado no campo da programação neurolinguística (PNL): *"Não existe fracasso, apenas feedback"*.

Mantenha um diário

Algumas pessoas podem achar que a ideia de classificar seus pensamentos negativos em tipos diferentes é analítica ou científica *demais*. Se esse for o seu caso, um método alternativo de registrar seus pensamentos é manter um diário. Isso pode ser feito de muitas maneiras. Qualquer que seja o formato que você use para o seu diário, é importante que faça o registro mais preciso possível de todo pensamento negativo importante que passar pela sua cabeça e dos sentimentos que o acompanham, para que então você possa usar o checklist apresentado nas páginas 60 e 61 ou o acrônimo ACEITE (páginas 68-69) para ajudá-lo a criar pensamentos equilibrados.

Se quiser, você também pode registrar pensamentos *positivos* no seu diário. Isso pode ajudá-lo a, diariamente, esclarecer aspectos positivos aos quais talvez não preste a devida atenção (a maioria de nós tem uma tendência a recordar os aspectos negativos, e por isso é útil recordar os positivos também). Contanto que os pensamentos positivos sejam razoavelmente equilibrados e sensatos, e não excessivos ou distorcidos, podem ajudar a contrabalançar os pensamentos negativos.

(Se seus pensamentos "positivos" forem *extremos* e *irrealistas*, o que pode se aplicar, por exemplo, a pessoas com transtorno bipolar, parte da sua abordagem poderia consistir em moderar ou equilibrar pensamentos *excessivamente* positivos, para colocá-los em perspectiva. Como este livro se dirige primordialmente a pessoas que têm baixa autoestima e atitudes autocríticas ou pensamentos negativos associados, eu não discuto aqui pensamentos inapropriadamente positivos. No entanto, vale a pena ter em mente que a TCC busca equilibrar pensamentos irrealistas ou distorcidos e que isso pode se aplicar a pensamentos excessivamente positivos tanto quanto a excessivamente negativos – alguns dos tipos de pensamento distorcido, como generalização, podem se aplicar a ambos os casos. Outros tipos, como autodepreciação, não se aplicam a pensamentos excessivamente positivos – se pensar positivamente *demais*, você tem mais probabilidade de ter pensamentos excessivamente grandiosos acerca de si mesmo.)

No seu diário, dê também uma nota geral para como você se sentiu a cada dia. Então, numa etapa posterior, por exemplo, dentro de algumas semanas, você conseguirá verificar seus registros para observar possíveis mudanças no seu nível geral de sentimentos positivos/negativos. Também, ao dar uma nota diária, você conseguirá ver, no decurso de uma semana, o quanto seus sentimentos oscilam. (Observação: avaliar seus sentimentos é muito diferente de avaliar a si mesmo *como um todo*, a que Ellis se opunha – ver páginas 51-52. É parte legítima da auto-observação, e pode ser útil.)

São itens que seu diário poderia incluir:

1. O que você fez durante o dia.
2. Seu estado de ânimo ou seus sentimentos em diferentes momentos do dia.
3. As situações ou circunstâncias em que você se sentiu dessa maneira.
4. Pensamentos que passaram pela sua cabeça enquanto você se encontrava nesse estado de ânimo/vivenciava esses sentimentos.
5. Uma avaliação geral de como você se sentiu durante o dia (de 0 a 10).

ESTUDO DE CASO

Claire: usando um diário para lidar com sentimentos e pensamentos negativos

Claire tem uma tendência a sentimentos negativos em relação a si mesma e suas habilidades. Há algumas semanas, ela se separou de seu parceiro, Pete. Ela tem estado preocupada com isso e também com seu emprego. Decidiu criar um diário para ajudá-la a manter as questões em perspectiva e a lidar com seus pensamentos negativos. No diário, ela inclui os cinco elementos listados acima. Estes são os registros do primeiro dia:

Dia 1

Não dormi muito bem. Levantei tarde e cheguei dez minutos atrasada no trabalho. Fiquei irritada comigo mesma e com receio de ter problemas por isso. Pensei coisas do tipo: *Por que estou sempre atrasada? Sou tão desorganizada. No trabalho, todo mundo deve achar que sou uma inútil. E se o meu supervisor se queixar?*

Estipulei cinco tarefas para fazer ao longo do dia. Tive dificuldade de me concentrar: continuei pensando no fato de Pete ter me deixado. Só consegui concluir três das tarefas.

Sentimento de raiva e vergonha pelo modo como o relacionamento terminou. Pensando: *Por que eu sempre me dou mal nos relacionamentos? Eu sempre vou ficar sozinha? Fui muito idiota de não perceber que o Pete estava saindo com outra pessoa.*

Lembrei do que a Jo disse sobre quantos relacionamentos não dão certo e sobre algumas das minhas virtudes. Ajudou um pouco – não é bom que tantos relacionamentos deem errado, mas pelo menos não sou a única!

Fui dar uma volta na hora do almoço, tentando espairecer. Me senti um pouco mais calma e consegui trabalhar um pouco melhor durante a tarde. Meu supervisor não veio falar comigo e pareceu estar concentrado em seu próprio trabalho o tempo todo. Me perguntei: *Ele está me evitando de propósito? Eu sei que a empresa está passando por dificuldade no momento. Talvez eu vá perder o emprego.*

Passei a noite vendo TV, ainda pensando no fim do meu relacionamento e me sentindo frustrada. *Tenho de conseguir superar isso – já se passaram três semanas. Quero seguir em frente.* Finalmente, encontrei a reprise de uma comédia antiga – de fato, me fez rir um pouco, mas estranhamente eu quase me senti irritada comigo mesma ao perceber que era capaz de esquecer o relacionamento ainda que apenas por vinte minutos!

Fui me deitar às 22h30 – tentando começar uma rotina saudável.

Avaliação geral de como me senti durante o dia (de 0 a 10): 3

Use seu diário

Uma vez que você tenha começado a registrar seus sentimentos, pensamentos e ações em um diário, pode começar a usá-lo, criando pensamentos equilibrados (usando qualquer uma das técnicas descritas anteriormente neste capítulo) para cada pensamento negativo que tenha anotado, a fim de colocá-los em perspectiva ou perceber quando o pensamento negativo é distorcido ou exagerado.

ESTUDO DE CASO

Claire (continuação): criando pensamentos equilibrados para usar com relação ao diário

Os pensamentos equilibrados de Claire, depois de reler seu diário, são apresentados a seguir. No final do exercício, ela também acrescentou um "comentário construtivo" sobre o dia, o que você também pode fazer.

Pensamento negativo: "Por que estou sempre atrasada? Sou tão desorganizada. No trabalho, todo mundo deve pensar que sou uma inútil".

Pensamento equilibrado: *De fato, você teve boas avaliações de desempenho. É verdade que cumprir horários não é o seu ponto forte. Você pode se concentrar em melhorar isso a partir da semana que vem, mas isso não significa que seja uma inútil – o feedback que recebe mostra que é bem conceituada.*

Pensamento negativo: "Por que eu sempre me dou mal nos relacionamentos? Fui muito idiota de não perceber que o Pete estava saindo com outra pessoa".

Pensamento equilibrado: *Relacionamentos são difíceis – muitos não dão certo e outros continuam, mas a duras penas. Sim, alguns são bons e é isso o que você deseja, mas não faz sentido ser tão dura consigo mesma. Talvez você pudesse ter percebido antes o que estava acontecendo, mas ser excessivamente desconfiada não necessariamente teria ajudado.*

Pensamento negativo: "Meu supervisor está me evitando... Talvez eu vá perder o emprego".

Pensamento equilibrado: *Há outras explicações possíveis para por que seu supervisor parecia preocupado – talvez ele tenha seus próprios problemas ou talvez esteja simplesmente focado em seu próprio trabalho! De todo modo, se o pior acontecer e você perder o emprego, não é o fim do mundo.*

Pensamento negativo: "Por que continuo pensando no fim do relacionamento? Tenho de conseguir superar isso. Já se passaram três semanas. Quero seguir em frente".

Pensamento equilibrado: *O que aconteceu foi estressante e é normal que você pense nisso por um tempo. Três semanas não é* *muito. Você pode tentar encontrar outras coisas em que focar, mas levará tempo. Seja paciente!*

Comentário construtivo no fim do dia:
Embora eu estivesse cansada e estressada e tenha me deixado levar por alguns pensamentos negativos que não ajudaram, fiz algumas coisas sensatas, como dar uma volta na hora do almoço para espairecer. Apesar das minhas preocupações, superei mais um dia, e inclusive consegui rir de um programa de TV e esquecer meus problemas por vinte minutos.

Procure padrões em seu diário

Outra coisa que você pode tentar se estiver usando um diário como o de Claire é examinar os registros por um certo número de dias e procurar alguma coisa que faça que o ajude a se sentir melhor e a agir de maneira mais positiva. A não ser que tais ações tenham mais desvantagens do que vantagens, comprometa-se a fazê-las novamente em situações similares.

EXPERIMENTE AGORA! Se você começar a usar um diário de maneira similar a Claire, ou se estiver mantendo algum outro tipo de registro dos seus pensamentos, sentimentos e ações há certo tempo, examine seus registros por alguns dias e então anote suas respostas para as cinco perguntas listadas a seguir. Se isso lhe der algumas ideias do que poderia ajudar a elevar sua autoestima, tente colocá-las em prática:

1. Que atividades você acha que pioram seu estado de ânimo ou não ajudam sua situação?
2. Que atividades você acha que melhoram seu estado de ânimo sem consequências adversas significativas? (Observação: *Não* inclua em sua resposta atividades que têm um aspecto negativo importante ou consequência negativa subsequente,

como consumir álcool em excesso, o que pode melhorar seu estado de ânimo no início, mas depois age como uma droga depressiva e tende a piorar seus sentimentos.)
3. Que maneiras de reagir às situações você acha que tornam as coisas piores?
4. Que maneiras de reagir às situações você acha que tendem a ajudar?
5. Que novas atividades ou novas maneiras de reagir você poderia experimentar para ajudar com sua situação?

Sucesso, aspirações e autoestima

Uma coisa que o diário de Claire indica claramente é que você pode acabar se pressionando muito se achar que deve ser bem-sucedido no trabalho, nos relacionamentos ou em outras esferas da vida. Se você der demasiada importância ao sucesso, sua autoestima será afetada sempre que você achar que fracassou.

William James, um psicólogo norte-americano que viveu na segunda metade do século XIX, é muitas vezes citado como um precursor do interesse pela autoestima nos tempos modernos. James apresentava a autoestima em uma fórmula:

Autoestima = Sucesso / Pretensões
(de *Princípios de psicologia*, de William James, *Capítulo X: A consciência do eu,* 1890).

Com "pretensões", James se refere a suas aspirações ou objetivos. Em outras palavras, a visão dele era de que sua autoestima aumentará se você conseguir alcançar seus objetivos e será ainda mais alta se você alcançar mais do que aquilo a que aspira; no entanto, se você *não* conseguir alcançar seus objetivos, sua autoestima será afetada. Em parte, este capítulo tratou de mostrar o que você pode fazer para se aceitar ainda que não alcance seus objetivos. Seguindo logicamente a fórmula de James, você também pode ver que se quiser aumentar sua autoestima é prudente estabelecer objetivos realistas em vez de excessivamente otimistas (os quais você talvez não tenha muitas chances de alcançar). Contudo, imagino que você não queira estipular objetivos fáceis *demais*, ou pode perder toda a motivação! Trata-se de alcançar um equilíbrio razoável.

As ideias de Albert Ellis e Aaron Beck, como apresentamos neste capítulo, propõem que alcançar uma visão equilibrada de suas próprias falhas ou imperfeições, em vez de dar demasiada importância ao sucesso, pode, em última instância, ser vantajoso. Esse tipo de abordagem equilibrada de si mesmo e da própria vida pode ser um caminho mais seguro para um nível razoável de autoestima do que voltar toda a sua atenção para obter sucesso. No próximo capítulo, observaremos outro aspecto de alcançar equilíbrio em sua vida – *o cuidado de si*.

Principais ideias do capítulo 2

Algumas das principais ideias do capítulo 2 são:

- Desenvolver uma atitude de autoaceitação envolve reconhecer que você pode cometer erros sem que isso signifique que você não tem valor.
- Desenvolver uma atitude de autoaceitação envolve adotar uma atitude menos crítica para consigo mesmo.
- Praticar a observação imparcial de si próprio, seus pensamentos e sentimentos pode ser útil para lidar com a vergonha de si ou de seu corpo.
- Você pode usar o modelo ABC para ajudá-lo a analisar pensamentos negativos e autocríticos.
- Você pode usar o checklist das páginas 60 e 61 ou o acrônimo ACEITE para questionar pensamentos autocríticos e criar pensamentos equilibrados que os coloquem em perspectiva.

- Você pode analisar padrões de pensamentos distorcidos e usar técnicas apropriadas para lidar com os tipos de pensamento negativo aos quais pode apresentar uma tendência.
- Manter um diário focando em equilibrar pensamentos negativos pode ser útil para sua autoaceitação e, por conseguinte, sua autoestima.

3. Levante-se

> *"As necessidades de um ser humano são sagradas. Sua satisfação não pode estar subordinada a razões de estado, ou a qualquer consideração de dinheiro, nacionalidade, raça ou cor, ou à moral ou a qualquer outro valor atribuído ao ser humano em questão, ou a qualquer outro tipo de consideração."*
>
> Simone Weil, Prelúdio para uma declaração dos deveres para com o ser humano *(1943)*

Até aqui, considerei os dois primeiros elementos do acrônimo VALOR para melhorar a autoestima, *valorizar-se* e *aceitar-se*. O terceiro elemento é *levantar-se*.

Por que se cuidar é importante se você tem baixa autoestima

Se você não se valorizar, pode tender a ignorar suas próprias necessidades ou desejos ou colocá-los depois dos de outras pessoas. Em alguns casos, você pode até mesmo sentir que não merece fazer as coisas que quer ou que lhe são benéficas, ou que merece passar por dificuldades. Se isso acontecer, você pode ser levado a pensar que *deve* ou *precisa* colocar as necessidades de todos os demais à frente das suas, ou que não faz sentido se esforçar para fazer muita coisa, porque você não tem valor. Em qualquer um dos casos, possivelmente o resultado é que você acaba não se cuidando, e sua saúde física e mental é negligenciada, como ilustrado no fluxograma a seguir.

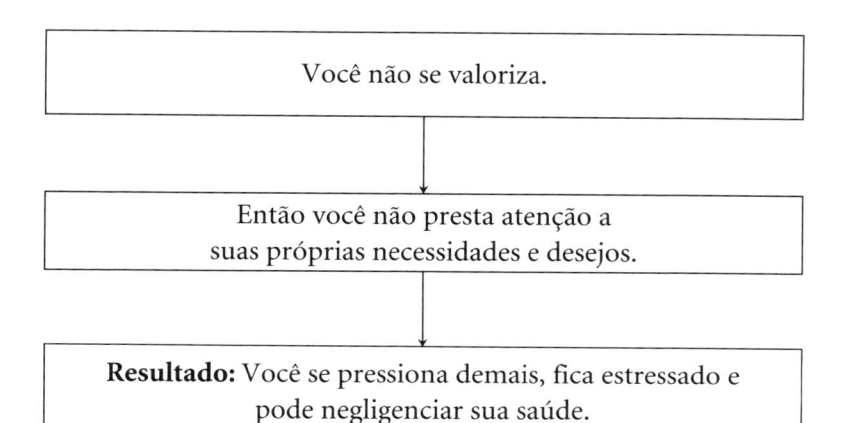

> Você não se valoriza.

> Então você não presta atenção a suas próprias necessidades e desejos.

> **Resultado:** Você se pressiona demais, fica estressado e pode negligenciar sua saúde.
> **Ou então:** Você tem dificuldade de encontrar motivação, não faz muita coisa e negligencia sua saúde.

UMA DUPLA ABORDAGEM PARA CUIDAR DE SI MESMO

Se você sofre de baixa autoestima e, por conseguinte, não presta atenção suficiente a suas próprias necessidades e desejos, há duas abordagens que podem ajudá-lo a lidar com esse tipo de questão:

1. Use as técnicas descritas nos dois capítulos anteriores e nos dois capítulos seguintes (*Observe-se* e *Represente-se*), tente identificar os *padrões de pensamento* sobre si mesmo e sobre o que você merece que o estão levando a não se valorizar.
2. Caso tenha identificado que esse é um problema para você, faça um esforço ativo para libertar-se em suas *ações*. Este capítulo pretende mostrar o que isso implica e encorajá-lo a tentar fazer esse esforço consciente a fim de alcançar um equilíbrio saudável em sua vida, se sua falta de autoestima significa que você não vem fazendo isso.

A HIERARQUIA DE NECESSIDADES DE MASLOW

Abraham Maslow, um professor de psicologia norte-americano do século XX, propôs uma teoria sobre a motivação e as necessidades humanas que pode fornecer um ponto de partida útil para pensar quais áreas da sua vida você está ignorando ou subestimando. Na versão mais avançada de sua teoria, Maslow estabeleceu uma série de categorias de necessidades básicas ("necessidades de deficiência") e também uma série de categorias de outras necessidades de ordem mais elevada ("necessidades de crescimento"), relacionadas com crescimento e desenvolvimento pessoal. Os tipos de necessidades que Maslow descreveu foram os seguintes.

Necessidades de deficiência (necessidades básicas)

- *Necessidades fisiológicas* – necessidades biológicas básicas, como a necessidade de oxigênio, água, alimento. Também a necessidade de sono, as necessidades sexuais e a necessidade de evitar a dor.
- *Necessidades de proteção e segurança* – necessidade de segurança, estabilidade, proteção do perigo, e talvez também a necessidade de um emprego ou renda estável e um lar.
- *Necessidade de amor e pertencimento* – necessidade de relacionamentos de diferentes tipos: família, amigos, romance, comunidade.
- *Necessidades de estima* – necessidade de ser respeitado por outros e de respeitar a si próprio; necessidade de autoconfiança, independência e liberdade.

Necessidades de crescimento (relacionadas com crescimento e desenvolvimento pessoal)

- *Necessidade de conhecer e compreender* – necessidade de adquirir conhecimento e compreender o mundo e seu ambiente.
- *Necessidades estéticas* – necessidade de simetria, equilíbrio e beleza.
- *Necessidades de realização* – necessidade de realizar seu potencial e encontrar satisfação.

- *Necessidade de transcendência* – necessidade de se conectar com algo além do ego ou ajudar outras pessoas a encontrarem satisfação e realizarem seu potencial.

Você não precisa concordar com a visão de Maslow sobre a ordem hierárquica das necessidades humanas, com algumas sendo vistas como básicas e outras como relacionadas a crescimento pessoal, para poder fazer uso dela, embora seja interessante observar que Maslow classificou a estima como uma necessidade básica. Na minha opinião, a melhor maneira de pensar na análise de Maslow é como um ponto de partida para suas próprias reflexões sobre em que seria útil que você focasse:

EXPERIMENTE AGORA!

Observe as categorias de necessidades descritas por Maslow e responda às seguintes perguntas:

1. Que categoria de necessidades você mais quer atender melhor na sua vida hoje?
2. Qual seria o possível impacto em outras categorias de necessidades ao fazer isso?
3. Que tipo de equilíbrio você quer alcançar entre as diferentes categorias de necessidades? (Até que ponto você quer mudar suas prioridades atuais?)
4. Quais seriam as possíveis consequências de mudar suas prioridades?
5. Com que ações específicas você pode se comprometer para a próxima semana considerando suas respostas às quatro perguntas anteriores?

Mantenha um estilo de vida saudável e equilibrado

Manter um estilo de vida saudável e equilibrado é algo sensato a se fazer, independente de ter baixa autoestima, por causa dos benefícios que isso traz a seu bem-estar físico e mental. No entanto, se você está tendo baixa autoestima e se sentindo ansioso consigo mesmo ou com o que está fazendo, geralmente se sente sob grande pressão emocional e psicológica para focar todo seu tempo e energia em tentar fazer mais ou melhor. Então é muito fácil se esquecer de manter os princípios básicos de um estilo de vida saudável.

De fato, é ainda mais importante manter um estilo de vida saudável nessas circunstâncias, porque quanto mais seu corpo e sua mente estiverem em desequilíbrio, mais dificuldade você terá de lidar com sua ansiedade de maneira equilibrada e reagir a ela de modo prático e sensato. A seguir, há alguns **princípios básicos para manter um estilo de vida equilibrado e saudável.**

1. Seguir rotinas saudáveis. Tente:
- Seguir uma dieta balanceada e saudável, com refeições em horários regulares.
- Se possível, seguir um padrão de sono regular, levantando-se em um horário similar todos os dias.
- Fazer uma quantidade razoável de atividade física (você não precisa correr uma maratona – uma caminhada de meia hora cinco vezes por semana seria suficiente).
- Evitar álcool em excesso (e não beber para aliviar a ansiedade – isso pode proporcionar alívio imediato por um breve período, mas quando o efeito inicial passar, tornará a ansiedade maior, e seu sono também pode ser afetado).

2. Prestar atenção às prioridades. Se existe uma possibilidade de você estar pressionando seu corpo e sua mente ao tentar fazer coisas demais, é importante que:
- Reflita sobre o que é importante para você e tente focar nessas prioridades.

- Com relação a tarefas menos importantes que você faça talvez por hábito, avalie quais seriam as consequências se você fizesse menos dessas tarefas – se as consequências não forem tão ruins, decida se vai reduzir tais tarefas e, se sim, em quanto.

3. Permitir-se relaxar. Se você passa de dez a doze horas por dia trabalhando, ou se de alguma outra maneira está fazendo coisas o tempo todo – como realizando tarefas domésticas e cuidando da família sem nenhuma oportunidade de descanso –, há grandes chances de que não esteja executando suas tarefas da maneira mais produtiva possível. Você também pode estar pressionando demais seu corpo e sua mente. Mais cedo ou mais tarde, isso tende a se revelar como doença, mau humor, ansiedade ou de outras formas; por isso, se possível, faça pequenos intervalos ao longo do dia para se manter revigorado. Reserve alguns momentos na semana para fazer algo que queira fazer.

LIDE COM PENSAMENTOS DE CULPA OU ANSIEDADE

Se perceber que pensamentos de culpa ou ansiedade o estão impedindo de ter um estilo de vida equilibrado, use algumas das técnicas descritas em outros capítulos para ajudá-lo a lidar com esses pensamentos, como a técnica de pensamentos equilibrados descrita no capítulo 2.
- Os princípios gerais a serem lembrados se você acha que deveria estar fazendo certas coisas que não está fazendo, ou se acha que deveria estar fazendo melhor ou que não pode deixar de fazê-las (ainda que sejam prejudiciais à sua saúde ou a uma vida equilibrada) são os seguintes:
- Tente ser mais gentil consigo mesmo e colocar a crítica em perspectiva.
- Lembre-se de que ninguém é perfeito.
- Reconheça seus pontos fracos e, se puder, tente fazer algo a respeito deles de uma forma prática, mas, antes de se prolongar em um programa de aperfeiçoamento pessoal, pergunte-se o

quão graves são esses pontos fracos – eles realmente prejudicam ou atrapalham você ou outras pessoas ou são defeitos de menor importância? Se este último for o caso, lembre-se disso – e se dê um tempo! É claro, se você acha que seus pontos fracos podem significar problemas graves, como um transtorno mental, consumo abusivo de álcool ou uma tendência à violência, procure ajuda de um profissional apropriado.

- Identifique seus pontos fortes e orgulhe-se deles (veja a parte do capítulo 1 que fala de criar afirmações). Veja se consegue usar seus pontos fortes e interesses de um modo criativo para ajudá-lo a lidar com as questões que o estão preocupando.

EXPERIMENTE AGORA!

As pesquisas indicam que você tem maiores chances de implementar mudanças em sua rotina quando estabelece **objetivos específicos** e mantém um registro de seu progresso:

- Estabeleça objetivos diários ou semanais que sejam realistas e possam ser alcançados.
- Registre por escrito seu comprometimento em alcançá-los.
- Mantenha um registro de seu desempenho com relação aos objetivos estipulados.
- Recompense a si mesmo se alcançar seus objetivos.
- Se não alcançar um objetivo, não se condene. Reavalie se o objetivo precisa ser modificado ou substituído e se existem formas de aumentar suas chances de alcançá-lo (por exemplo, anotando em um calendário ou contando a alguém), então tente fazer isso para ajudá-lo a alcançar o objetivo novo ou modificado.

ESTUDO DE CASO

Andy: conquistando uma vida mais equilibrada

Andy sofre de baixa autoestima desde que tem memória. Isso é alimentado por níveis elevados de ansiedade. Ele tem sua própria empresa de construção e está sempre com receio de que os clientes reclamem do trabalho realizado (na verdade, sua competência e seu padrão de qualidade são muito profissionais). Ele emprega vários operários e percebe que gasta grande parte de seu dia correndo de um lado para outro entre as diferentes obras que estão sendo realizadas para supervisionar o trabalho deles ou lidar com problemas menores à medida que estes surgem. Ele trabalha cerca de sessenta horas por semana e raramente faz uma pausa. Depois de refletir sobre a falta de equilíbrio em sua vida e o fato de que, embora tenha uma boa renda, ele raramente tem a chance de usá-la, Andy estabelece para si mesmo os seguintes objetivos de curto prazo:

- Promover um de seus operários mais qualificados à função de contramestre, desocupando, assim, parte de seu próprio tempo.
- Tratar de ter pelo menos meia hora de almoço todos os dias.
- Reservar duas noites por semana para fazer uma atividade de lazer que queira fazer.
- Fazer uma lista das tarefas que ele poderia fazer em uma semana e delegar alguma das que ele não precisa fazer pessoalmente.

No início, Andy tem muita dificuldade de realizar esses objetivos, mas depois de registrar seu compromisso por escrito e avaliar, ao fim de cada dia, se o cumpriu ou não, ele nota que está começando a se acostumar ao método mais equilibrado. Ele percebe que se sente menos estressado e que tem mais energia para dedicar a tarefas importantes e também às coisas que quer fazer. Consequentemente, sente-se mais otimista com relação a si mesmo e a seu trabalho.

EXPERIMENTE AGORA! Leia as páginas 92 a 95, sobre manter um estilo de vida saudável e equilibrado, e então responda às seguintes perguntas:

1. Que aspectos de um estilo de vida saudável e equilibrado você acha que já faz até certo ponto?
2. Que aspectos de um estilo de vida saudável e equilibrado você acha que poderia melhorar?
3. Considerando suas respostas para as perguntas anteriores, liste três aspectos de uma vida equilibrada que você vai se comprometer a tentar implementar nos próximos sete dias (podem ser coisas positivas que você já faz e vai continuar fazendo ou mudanças que você vai tentar fazer em seu estilo de vida). Estabeleça para si mesmo uma ação específica a ser tomada com respeito a cada aspecto.

Mantenha as atividades do dia a dia

No fluxograma apresentado no início deste capítulo (página 89), afirmei que não se valorizar pode levá-lo a não se cuidar em uma de duas maneiras – levando-o a se pressionar demais e a não se ocupar de questões de equilíbrio na vida, como as que abordamos nas últimas páginas, *ou* levando-o a ter dificuldade para encontrar motivação. Se este último for um problema para você (isto é, se você está fazendo muito poucas coisas, em vez de coisas demais), é fácil cair no seguinte ciclo de sentimentos e ações:

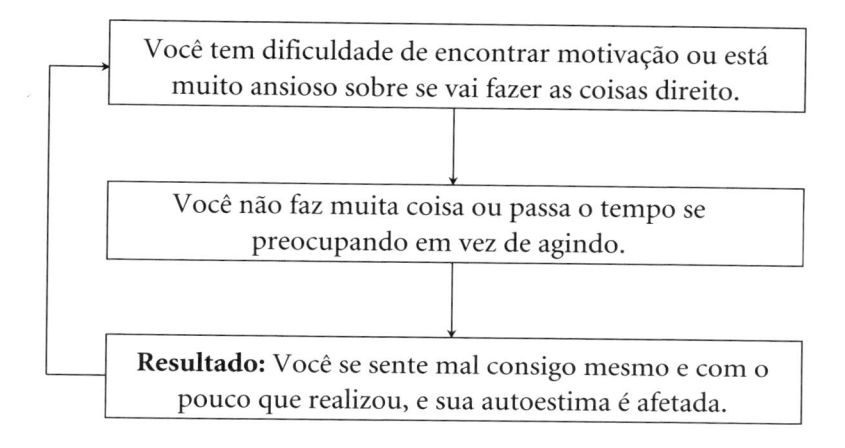

> Você tem dificuldade de encontrar motivação ou está muito ansioso sobre se vai fazer as coisas direito.
>
> ↓
>
> Você não faz muita coisa ou passa o tempo se preocupando em vez de agindo.
>
> ↓
>
> **Resultado:** Você se sente mal consigo mesmo e com o pouco que realizou, e sua autoestima é afetada.

Se esse padrão se aplica a você, muitas vezes a melhor maneira de lidar com isso, embora difícil, seja retomar uma rotina razoável de atividades, desde que a rotina que você decida seguir seja exequível.

Isso, em parte, envolverá fazer coisas que você gosta de fazer (como enfatizamos nas páginas anteriores com relação a uma vida equilibrada), mas também pode envolver fazer algumas atividades diárias mais mundanas – pelo menos até você encontrar algo melhor para fazer. Há uma série de razões pelas quais é bom manter as atividades do dia a dia em um nível razoável (sem fazer demais) se você tem uma tendência a não fazer muita coisa e a passar o tempo se preocupando ou se sentindo desanimado:

1. Realizar as atividades do dia a dia pode ajudá-lo a livrar sua mente de pensamentos angustiantes e a diminuir a ansiedade.
2. Se você estiver preso a um padrão de pensamentos negativos sobre si mesmo e isso o estiver levando a não fazer muita coisa, se puder retomar algumas atividades talvez se sinta melhor consigo mesmo e não se sinta tão inadequado.
3. Se você não retomar as atividades normais, algumas tarefas podem se acumular, criando mais problemas e ansiedade.

EXPERIMENTE AGORA!

Crie um programa de atividades

Liste, sob o cabeçalho "atividades possíveis", qualquer coisa que você:
- Precise fazer durante a semana
- Gostaria de fazer se tivesse tempo
- Faria se pudesse relaxar
- Poderia fazer para se exercitar um pouco (mesmo que seja apenas ir às compras a pé)

Depois de observar suas respostas aos itens anteriores, estabeleça algumas ações específicas a serem realizadas nos próximos sete dias, colocando-as em uma tabela como a apresentada a seguir, para indicar quando você planeja realizá-las:

	Manhã	Tarde	Noite
Segunda-feira			
Terça-feira			
Quarta-feira			
Quinta-feira			
Sexta-feira			
Sábado			
Domingo			

DICA ÚTIL

No início, tente colocar na tabela apenas uma ou duas ações por dia. Se você achar que mais do que isso pode ser irrealista em sua situação atual, mantenha seu compromisso pretendido nesse nível por uma ou duas semanas, ou coloque outras ações, mas indique que elas são *opcionais*, de modo que você possa escolher realizá-las ou não quando o momento chegar.

Sucesso, prazer e motivação

Se você achar difícil encontrar motivação para criar um programa de atividades, escreva uma lista dos possíveis benefícios que isso lhe traria, e lembre-se deles quando hesitar antes de fazer uma atividade planejada. Além disso, mantenha seu programa à mão para poder consultá-lo.

Se seu motivo para hesitar antes de criar um programa de atividades ou fazer algumas das coisas planejadas é que você duvida ser capaz de realizá-las, pode ser útil escrever esses motivos e se perguntar em cada caso: "O que tenho a perder se tentar?" ou, se parecer demais para você, "Existe uma forma de reduzir a ação a um nível mais exequível?".

Aaron Beck, um dos desenvolvedores da TCC (ver página 62), também propôs que, para as pessoas que estão se sentindo deprimidas ou duvidando de sua capacidade de realizar tarefas, pode ser útil manter um registro de cada vez que você domina uma atividade anotando "D", de "domínio", ao lado dela, ou de cada vez que você desfruta de uma atividade anotando "P", de "prazer". (Se achar que a palavra "domínio" tem uma conotação desnecessariamente autoritária, usar a letra "S" para denotar "sucesso" é um sistema de anotação alternativo que você pode usar.) Registrar seus sucessos e suas experiências agradáveis pode ajudar a combater a tendência natural das pessoas com baixa autoestima ou que estão se sentindo desanimadas a não perceberem coisas que vão bem ou que elas apreciam, prestando mais atenção aos aspectos negativos.

ESTUDO DE CASO

Ruby: programando atividades

Ruby há pouco foi mandada embora do emprego. Durante as duas primeiras semanas, ela considerou um verdadeiro alívio, já que, afinal, vinha lutando para se manter motivada no trabalho, mas, à medida que o tempo passa e ela não consegue outro emprego, começa a se preocupar mais e a fazer menos, e sua autoestima é afetada. Com a ajuda de um programa, ela cria uma lista de tarefas diárias com um equilíbrio entre aquelas relacionadas à busca de emprego, as relacionadas a atividades necessárias mas não particularmente agradáveis, tais como tarefas domésticas, e as relacionadas a atividades prazerosas que ela quer fazer por si mesma, mas não encontra tempo. Ela cria o programa da semana em uma segunda-feira de manhã e, ao final de cada dia, marca "S" nas tarefas que realizou com sucesso e "P" nas tarefas que lhe deram prazer. Após a primeira semana, ela observa que sua produtividade aumentou e também que o equilíbrio no programa possibilita que faça algumas coisas de que gosta sem se sentir culpada. Ela começa a se sentir mais otimista com relação a si mesma e a suas perspectivas.

NÃO ESQUEÇA!!!

Ao criar um programa de atividades, tente seguir estes princípios:

- Seja realista – não programe atividades para preencher cada minuto da semana inteira se você sabe que, realisticamente, em seu estado de espírito, você não conseguirá realizar nem metade delas! Em vez disso, programe talvez uma atividade para o dia, ou uma para a manhã e uma para a tarde, ou o que quer que *você* julgue que poderá realizar de maneira razoável em sua situação e estado de espírito atual.
- Vise a alcançar um equilíbrio entre coisas que precisa fazer e coisas que gosta de fazer.
- Lembre-se, ao criar um programa de atividades, que tudo bem ajustar o programa se as circunstâncias mudarem ou se você perceber que seu programa não é realista para sua situação. Se não tiver certeza do que fazer, tente adotar uma atitude experimental: experimente as opções possíveis, veja como elas funcionam para você e ajuste-as se julgar conveniente.

Insônia e autoestima

Realizar atividades diárias e se ocupar de maneira consciente podem ajudá-lo a elevar sua autoestima e afastar de sua mente pensamentos negativos ou autocríticos. Outra área que pode estar sendo prejudicada por suas ansiedades ou pensamentos negativos sobre si mesmo é o sono. Se você está sempre preocupado pensando se fez a coisa certa ou se criticando por medidas que tomou ou deixou de tomar, isso pode afetar sua capacidade de dormir. Esse pode, então, virar um círculo vicioso em que sua privação de sono torna mais difícil pensar com clareza, contribuindo para seus próprios pensamentos e sentimentos negativos e fazendo com que seja difícil para você agir de maneira construtiva e positiva. Pode ser útil seguir alguns princípios básicos para ajudá-lo a dormir melhor.

Algumas dicas simples para dormir bem

A noite de sono perdida ocasionalmente pode fazer com que você se sinta cansado no dia seguinte, mas não fará mal à sua saúde. No entanto, se você perde o sono com frequência, isso pode levar a:
- Períodos prolongados de cansaço.
- Dificuldades de concentração e falta de produtividade em tarefas diárias.
- Irritabilidade ou ansiedade, o que também pode afetar o modo como você se relaciona com os outros.
- Sentimentos de depressão e/ou frustração e baixa autoestima.
- Capacidade de discernimento prejudicada.

Em média, os adultos precisam de cerca de oito horas de sono, mas a quantidade necessária pode variar de maneira significativa para diferentes indivíduos, e você provavelmente sabe melhor do que ninguém quanto sono é necessário para você e como você reage se não dormiu o suficiente.

Se frequentemente você tem dificuldade de dormir, isso talvez se deva a:

- Causas práticas, por exemplo, quarto barulhento ou cama desconfortável.
- Causas psicológicas ou emocionais, por exemplo, preocupar-se com algo ou sentir-se desanimado.
- Causas físicas ou fisiológicas, por exemplo, doença, dor física ou a resposta de seu corpo para sua dieta ou medicação.

O QUE FAZER E O QUE NÃO FAZER SE VOCÊ TEM DIFICULDADE DE DORMIR

O que fazer:
- Vá para a cama sempre no mesmo horário e levante-se sempre no mesmo horário.
- Pratique atividade física moderada quatro a cinco horas antes do horário de dormir, se possível (mas não imediatamente antes de dormir, já que isso o manterá acordado).
- Estabeleça uma rotina regular e relaxante para antes de dormir – por exemplo, usando uma técnica de relaxamento simples (algumas são apresentadas a seguir – ver páginas 104-106).
- Durma em uma cama confortável.
- Faça o que estiver a seu alcance para que o quarto não seja quente demais, nem frio demais, nem barulhento demais – para algumas pessoas, música relaxante tocando ao fundo pode ajudar a pegar no sono.

O que não fazer:
- Não beba nada com cafeína depois do começo da tarde. A cafeína é uma droga estimulante capaz de mantê-lo acordado, e pode permanecer no seu corpo por até oito horas (às vezes, até mais) depois do seu último chá ou café. Também pode aumentar sensações de ansiedade.
- Não coma muito antes de se deitar.
- Não beba muito álcool – pode ajudá-lo a pegar no sono, mas tende a perturbar a qualidade do seu sono e você pode acabar despertando.

- Se teve um episódio de privação de sono ou um padrão de sono ruim, tente não compensar o sono perdido dormindo durante o dia seguinte ou no fim de semana. Isso pode fazer que seja mais difícil pegar no sono na noite posterior.

LIDE COM AS PREOCUPAÇÕES QUE O MANTÊM ACORDADO

Se perceber que está deitado na cama preocupando-se com algo que pode acontecer e que isso o está impedindo de dormir, talvez ajude sair da cama, ir até outro cômodo e tentar o seguinte:

1. Pergunte-se qual a probabilidade realista de o evento ou situação que o preocupa acontecer de fato. Se você atribuir um percentual muito alto a essa probabilidade, pergunte-se que percentual dariam outras pessoas em cuja opinião você confia. Você pode anotar essas estimativas e quem as faria. Não precisa decidir qual delas é correta.
2. Então, pergunte-se qual é a pior coisa que poderia acontecer *e* anote a reação mais positiva que você poderia ter se isso acontecesse.
3. Em seguida, anote uma ou duas coisas simples que você pode fazer para diminuir a probabilidade de o evento ou situação que o preocupa acontecer, ou para reduzir seu impacto caso realmente aconteça, ainda que apenas um pouco. Se achar que não há nada que você possa fazer para diminuir a probabilidade de o evento ou situação acontecer, admita que isso pode estar além do seu controle.
4. Finalmente, escreva em um breve parágrafo de uma a quatro frases um resumo do que você aprendeu com os passos 1 a 3.

Assim que terminar o exercício, tente não pensar nisso, mas dedique dez a vinte minutos (ainda em outro cômodo) a uma atividade que o ajude a relaxar e se distrair, como assistir televisão, ouvir rádio ou ler. Então, volte para a cama. Se for útil, pratique uma técnica breve de relaxamento antes de voltar para a cama, para ajudá-lo a espairecer e relaxar – veja a seguir.

Técnicas de relaxamento

Se você tem propensão a pensamentos negativos ou ansiosos sobre si mesmo, talvez tenha dificuldade de "desligar". Isso pode deixá-lo mais estressado e com mais dificuldade de pegar no sono. Portanto, pode ser útil aprender algumas técnicas simples de relaxamento, que você pode usar regularmente se achar que vale a pena, ou então em ocasiões específicas, quando estiver se sentindo particularmente estressado. O objetivo dos exercícios é ajudá-lo a desligar e a afastar de sua mente os pensamentos imediatos que poderiam preocupá-lo – portanto, não use os exercícios em um ambiente onde, por razões de saúde ou segurança, você precisa se concentrar totalmente em outra tarefa, como ao dirigir ou operar máquinas!

EXPERIMENTE AGORA!

Quando tiver oportunidade, experimente um dos exercícios de relaxamento a seguir.

Exercício A: contar de trás para frente

Feche os olhos e comece a contar de trás para frente a partir de um número a sua escolha. Pode ser trinta ou quarenta ou qualquer número que considere realista no intervalo de tempo que reservou para o exercício. Sugiro que, se quiser usar os exercícios de relaxamento como parte de sua rotina diária ou semanal, não escolha um número alto demais como ponto de partida se achar que não conseguirá manter a prática regularmente. É melhor começar com um número relativamente baixo e aumentar aos poucos do que estipular uma meta que dificilmente conseguirá manter. Se perceber que está perdendo a motivação, diminua o número.

Conte de trás para frente da seguinte maneira:
1. Inspire profunda e lentamente, enchendo os pulmões (quando inspira de maneira relaxada com o diafragma, o abdômen deve se encher de ar, e não o tórax).

2. Quando terminar de inspirar, expire da mesma maneira lenta, relaxada e pausada.
3. No final da expiração, diga para si mesmo o número a que chegou.
4. Ao expirar todo o ar, você naturalmente começará a inspirar outra vez, sem precisar forçar. Permita que esse processo natural ocorra e repita a inspiração, seguida da expiração, seguida do próximo número da contagem regressiva.
5. Repita esse processo até chegar a zero. Se desejar, você pode repetir o processo todo novamente, começando do número escolhido.

Observação: Se, a qualquer momento, você perceber que perdeu a conta de onde está e se desconcentrar, simplesmente conduza-se de volta ao exercício e recomece a contar a partir do último número do qual se lembra.

Exercício B: estirar os dedos dos pés

Para este exercício, deite-se e feche os olhos, então:
1. Foque sua atenção nos dedos dos pés e sinta-os.
2. Estique os dedos para cima em direção a seu rosto e conte lentamente até cinco.
3. Relaxe os dedos.
4. Conte lentamente até cinco outra vez.

Repita os passos 1 a 4, de oito a dez vezes.

Exercício C: visualização guiada

Em primeiro lugar, decida por quanto tempo você vai se dedicar a este exercício – talvez de cinco a dez minutos no início, ou um pouco mais se desejar e tiver tempo. Quando estiver no lugar e na posição confortável que escolheu para o exercício:
1. Feche os olhos e imagine-se em um lugar ou ambiente que considere agradável, fazendo algo relaxante e prazeroso. Isso

varia conforme suas preferências como indivíduo. Você pode, por exemplo, estar à beira de um lago ou do mar ou em uma paisagem bonita, ou pode se imaginar socializando com bons amigos ou viajando. Qualquer que seja a situação escolhida, é importante que seja harmoniosa e não conectada com as atividades ou preocupações atuais. O exercício deve levá-lo a um mundo relaxante.

2. Quando estiver nesse mundo relaxante, tente imaginá-lo da forma mais detalhada possível – que sons você pode ouvir, que sensações experimenta em seu corpo, quem ou o que mais há ali, o que está acontecendo entre você e os outros ou o ambiente?

Depois do intervalo de tempo que você reservou para a sessão, abra os olhos e retome suas atividades normais.

Se houver alguma rotina calma preparatória (por exemplo, colocar determinada roupa, tomar um copo d'água ou ajustar o nível de iluminação do ambiente) que você possa estabelecer e repetir de modo a associá-la com o(s) exercício(s) de relaxamento que escolher, isso também pode ajudá-lo a relaxar. Por outro lado, evite ingerir substâncias que podem alterar seu estado de ânimo ou apresentar riscos à saúde como parte da rotina, exceto sob recomendação médica, já que podem ter efeitos nocivos (por exemplo, cafeína, álcool, tabaco ou outras drogas).

NÃO ESQUEÇA!!!

Principais ideias do capítulo 3

De todas as informações apresentadas neste capítulo, *Levante-se*, eu enfatizaria particularmente o seguinte:

- Se você tem baixa autoestima, pode prestar insuficiente atenção a sua própria saúde física e mental, por isso é importante se cuidar *conscientemente*.

- Trate de fazer algumas atividades relaxantes (mas saudáveis) toda semana.
- Estabeleça para si mesmo objetivos realistas e reconheça seu mérito se conseguir alcançá-los.
- Faça alguma atividade física regular moderada.
- Se não estiver se sentindo muito bem consigo mesmo, cuidado com o consumo de álcool para se sentir melhor ou para tentar aliviar seu estresse ou ansiedade.
- Se tiver dificuldade para dormir, reduza o consumo de cafeína e tente usar alguns exercícios simples de relaxamento.

4. Observe-se

"Oh, Deus, eu poderia viver recluso numa casca de noz e me achar o rei do espaço infinito se não tivesse maus sonhos."[2]

Hamlet – William Shakespeare (Ato II, Cena II)

IDENTIFICANDO AS CAUSAS PESSOAIS DA BAIXA AUTOESTIMA

Recentemente recebi um e-mail de uma pessoa interessada em aprender técnicas para lidar com baixa autoestima. O e-mail é reproduzido a seguir (devidamente adaptado para evitar qualquer possibilidade de identificação). Destaca algumas experiências notáveis de um indivíduo sofrendo de baixa autoestima:

> Tenho um bom emprego e estou em uma boa situação, mas com frequência penso em coisas do meu passado e situações em que as pessoas me menosprezavam. Sou o mais novo de três filhos e, quando era mais jovem, sempre sentia que as pessoas não me levavam a sério. Acho que meus pais não ajudavam porque estavam sempre pegando no meu pé, como os pais costumam fazer, por um ou outro motivo. Minha escola era muito acadêmica, e eu não sou muito organizado, então as pessoas presumiam que eu não era muito inteligente. Contudo, eu me formei, obtive qualificações profissionais e hoje sou bem-sucedido, trabalhando no emprego dos sonhos em um lugar onde quero estar, mas ainda tenho problemas com autoestima e autoconfiança que estão afetando minha felicidade no dia a dia. Eu também era intimidado pelo meu pai quando era mais novo. Nós nos damos melhor agora, mas ainda sinto raiva com relação a isso. Acho que meu irmão e minha irmã talvez se sintam da mesma forma, mas não somos bons em falar sobre sentimentos, então não tenho certeza.

---

2. Tradução de Millôr Fernandes. L&PM Pocket, 1997. (N.T.)

A primeira coisa que eu queria dizer a respeito desse e-mail é que ele mostra (caso alguém tivesse dúvidas) que você pode ser, em muitos aspectos, capaz e bem-sucedido, e ainda assim ter baixa autoestima.

Também fica claro, no e-mail, que a pessoa que o escreveu tem um bom grau de compreensão acerca das possíveis causas de sua baixa autoestima e já identificou várias delas:

- Experiência repetida de ser menosprezada.
- Possível experiência de ser tratada de determinada maneira em um contexto familiar (neste caso, como caçula).
- Crítica ou "implicância" dos pais.
- Mensagens negativas vindas de um ambiente escolar.
- Intimidações por parte de uma figura parental.

Você provavelmente também observou que, apesar de sua compreensão de *por que* desenvolveu baixa estima, a pessoa que escreveu o e-mail continuava tendo problemas com isso. Isso não é de surpreender e certamente não é algo pelo qual o indivíduo deva ser culpado – ao vivenciar experiências que têm um efeito forte ou persistente sobre você, elas podem permanecer na sua vida durante muito tempo. O que isso indica, no entanto, é que compreender *por que* você tem baixa autoestima, por si só, pode não ser suficiente para ajudá-lo a lidar com tal situação de maneira eficaz. É necessária uma dupla abordagem:

1. Entender *por que* você tem baixa autoestima. Isso geralmente não é uma ciência exata, mas envolve aspectos ou acontecimentos em sua história de vida ou criação dos quais você tem consciência.

e

2. Aprender maneiras de lidar com sua baixa autoestima ou melhorá-la.

Portanto, este capítulo abrange não só compreender as razões para sua baixa autoestima, como também algumas maneiras construtivas de agir com base nessa compreensão.

Possíveis causas da baixa autoestima

Como indicado no capítulo 1 deste livro, autoestima é uma parte da sua autoimagem e do modo como você se vê e pensa em si mesmo.

Sua autoimagem é formada durante a infância e é a combinação das características naturais da sua própria personalidade e das mensagens e influências que você recebe das pessoas à sua volta sobre como deve agir e se sentir com relação a si mesmo. As pesquisas indicam que o estilo de criação adotado por seus pais pode exercer um papel significativo em sua autoestima, bem como fatores genéticos. Outras experiências, como sofrer abuso físico ou sexual, também, obviamente, podem ter um impacto negativo sobre sua autoestima.

A seguir estão alguns dos tipos de criação ou experiências na infância que podem afetar negativamente a autoestima de uma pessoa:

- Pais que têm expectativas muito altas e irrealistas acerca do que seus filhos devem e podem alcançar (este e os demais comentários a seguir relacionados com o estilo de criação se aplicam igualmente ao principal cuidador de uma criança, mesmo que não seja seu pai biológico).
- Pais que, por razões boas ou não tão boas, aplicam rótulos ou fazem comparações negativas ou críticas excessivas a seus filhos.
- Pais que têm dificuldade de acolher, amar e aceitar seus filhos.
- Pais que estão preocupados demais com suas próprias questões e problemas para conseguirem prestar suficiente atenção às necessidades de seus filhos.
- Pais que têm baixa autoestima e cujo comportamento o filho copia (muitas vezes, de maneira inconsciente).

- Experiência de abuso (emocional, psicológico, sexual, físico, ou por negligência).
- Rejeição ou fatores similares aos anteriores vivenciados nas mãos de outras crianças ou de adultos que exercem um papel importante no desenvolvimento da criança (por exemplo, professores ou parentes).

É importante perceber, no entanto, que nem todos os indivíduos são afetados da mesma maneira. Só porque uma das características descritas esteve presente em sua infância não significa que você automaticamente terá baixa autoestima e, é claro, pode haver outros fatores individuais concernentes à sua personalidade que você identifique como causas ou fatores que contribuem para sua própria autoestima baixa ou alta.

Também é possível desenvolver baixa autoestima depois de adulto, se, por exemplo, você vivenciar um acontecimento traumático ou realizar uma ação da qual posteriormente se sinta culpado ou envergonhado.

Expectativas sociais e discriminação

As mensagens da mídia e as expectativas ou preconceitos sociais sobre seu gênero, raça, orientação sexual, cultura, deficiência física, saúde mental ou outra característica também podem exercer um papel ao construir ou reforçar uma autoimagem negativa. Entretanto, algumas das pesquisas realizadas indicam que as correlações não são tão altas como se poderia esperar e nem sempre atuam de maneira óbvia. Por exemplo, algumas pesquisas indicam que os negros norte-americanos, apesar de serem discriminados, podem ter autoestima mais elevada do que os brancos, embora, segundo a pesquisa, outras minorias raciais, como pessoas de origem hispânica, pareçam ter autoestima mais baixa.

Diferenças de gênero e autoestima

As pesquisas indicam que, em média, as mulheres têm autoestima um pouco mais baixa do que os homens, em particular no final da adolescência, mas que a diferença não é grande. Há alguns indícios de que, quando as mulheres relatam suas experiências com relação à autoestima, elas tendem a focar mais em se são aceitas ou rejeitadas por outras pessoas, ao passo que os homens tendem a focar mais em experiências de sucesso e fracasso (isso será discutido em mais detalhes posteriormente). Vale lembrar, no entanto, que essas diferenças estatísticas não se aplicam a todos: há muitas mulheres e homens que não se encaixam diretamente nos rótulos de gênero decorrentes dessa distinção.

Aspirações relativas a um grupo em particular

Como indicado anteriormente, o pensamento comum de que a discriminação tende a causar autoestima mais baixa não é comprovado pelas pesquisas. Em seu livro *Self-Esteem: Research, Theory and Practice*, Chris Mruk propõe que uma das explicações possíveis para isso, pelo menos com relação a grupos econômicos, étnicos ou raciais, é que, se você corresponde às aspirações que são consideradas valiosas pelos membros da cultura ou subcultura com que se identifica, sua autoestima pode ser alta independente de você ser ou não discriminado pela sociedade como um todo. Com base nisso, por exemplo, uma figura respeitada em determinada comunidade de minoria étnica pode ter um nível razoável de autoestima por causa de sua posição nessa comunidade, mesmo que enfrente discriminação de pessoas de fora da comunidade. De modo similar, uma pessoa que nasceu surda pode enfrentar discriminação fora da comunidade de surdos, mas ser respeitada dentro da comunidade e ter autoestima elevada. Uma pessoa de um subgrupo econômico destituído pode não dar o mesmo valor ao sucesso econômico que alguém vindo de um contexto econômico diferente, ou pode ter aspirações menos elevadas com relação à sua posição econômica, de modo que talvez sua autoestima não seja tão afetada caso ela não alcance sucesso econômico.

Estereótipos e autoestima

Um possível desdobramento disso é a noção de que, mesmo que a discriminação por si só não seja um fator estatisticamente significativo para seu *nível* de autoestima, pode ser um fator para o *tipo* de problema que a afeta. Por exemplo, como indicado antes, ao relatar suas experiências com relação à autoestima, as mulheres tendem a focar mais em se são aceitas ou rejeitadas por outras pessoas, ao passo que os homens tendem a focar mais em experiências de sucesso e fracasso. Parece plausível afirmar que isso pode estar associado a estereótipos sociais – se, desde cedo, as mulheres são encorajadas a dar importância a relacionamentos enquanto os homens são mais encorajados a atribuir valor à realização de tarefas, então o nível de autoestima de cada gênero pode estar mais propenso a aumentar e diminuir com relação a esse estereótipo em particular.

Sexualidade e autoestima

No que concerne à sexualidade, a situação pode ser diferente da de gênero, cultura ou raça porque sua sexualidade nem sempre é tão visível como seu gênero, cultura ou raça, a não ser que você escolha revelá-la. As pessoas geralmente são criadas em uma cultura da qual são parte e têm relações próximas com pessoas da mesma cultura e raça. De maneira similar, é comum ter uma rede de relações com pessoas do mesmo gênero. Por outro lado, se você é gay ou lésbica, até tomar a decisão de se revelar como tal (caso decida fazê-lo), pode se encontrar em uma situação na qual a maioria das pessoas à sua volta são heterossexuais, e o marco de referência com o qual se espera que você se relacione é predominantemente o de pessoas heterossexuais.

Lidando com estereótipos negativos sobre si mesmo

No capítulo 2 deste livro, observamos alguns padrões de pensamento que podem causar dificuldades para a autoestima (páginas 71-76). Dois deles foram "Rotulação" e "Tirania dos deveres". Essas duas categorias traçam um caminho para ajudá-lo a lidar com questões relacionadas a estereótipos que podem estar afetando seu nível de autoestima.

Explore rótulos

EXPERIMENTE AGORA!

Faça o exercício a seguir para explorar de que modo os estereótipos podem ter afetado negativamente sua própria autoestima e, se esse for o caso, como reagir de maneira apropriada.

1. Como você se descreveria se lhe pedissem para classificar a si mesmo quanto aos tipos de grupo(s) a que pertence? Por exemplo, você poderia dizer "branco", "negro", "asiático", "gay", "uma mulher da classe trabalhadora" ou qualquer combinação desses ou uma classificação completamente diferente – use a que parece mais natural para você.
2. Que opiniões as pessoas influentes na sua vida quando você era criança ou adolescente tinham sobre o grupo/rótulo que você deu como resposta na pergunta 1 e sobre como as pessoas nesse grupo *devem* agir ou se comportar? Anote essas opiniões (sejam positivas ou negativas) e de quem eram (pai, mãe, professor etc.). Para cada uma das opiniões negativas, crie um pensamento equilibrado para contrabalançá-la ou colocá-la em perspectiva (você pode usar qualquer uma das técnicas descritas no capítulo 2 para ajudá-lo com isso) e o anote.
3. Que opiniões as pessoas influentes na sua vida quando você era criança ou adolescente tinham sobre o *valor* das pessoas no grupo que você deu como resposta na pergunta 1? Anote essas opiniões (sejam positivas ou negativas) e de quem eram (pai, mãe, professor etc.) Para cada uma das opiniões negativas, crie um pensamento equilibrado para contrabalançá-la

ou colocá-la em perspectiva (mais uma vez, você pode usar qualquer uma das técnicas descritas no capítulo 2 para ajudá-lo com isso) e o anote.

Observação: Se você achar difícil responder às perguntas anteriores, pode tentar identificar *crenças limitantes* sobre si mesmo ou sobre quem você deveria ser usando uma das técnicas descritas no capítulo 1 (páginas 41-44). Você talvez descubra que uma dessas crenças limitantes tem um componente relacionado com como alguém do seu gênero/cultura/raça/sexualidade deve ou não deve se comportar. Você pode adotar as perguntas anteriores para explorar como adquiriu essas crenças limitantes.

Max: explorando rótulos

Max faz o exercício anterior e oferece as seguintes respostas:

1. Como você se descreveria se lhe pedissem para classificar a si mesmo quanto aos tipos de grupo(s) a que pertence?

Max: "Sou um gay de classe alta, de origem socioeconômica privilegiada".

2. Que opiniões as pessoas influentes na sua vida quando você era criança ou adolescente tinham sobre o grupo/rótulo que você deu como resposta na pergunta 1 e sobre como as pessoas nesse grupo devem agir ou se comportar? Anote essas opiniões (sejam positivas ou negativas) e de quem eram (pai, mãe, professor etc.). Para cada uma das opiniões negativas, crie um pensamento equilibrado para contrabalançá-la ou colocá-la em perspectiva e o anote.

Análise de Max:
Opinião: "Os gays devem guardar suas tendências sexuais para si mesmos".
Pessoa que tinha essa opinião: Pai.
Pensamento equilibrado: "Ser gay é algo natural para mim. Posso decidir como quero expressar isso ou não, conforme eu achar apropriado. Meu pai tinha suas opiniões por ignorância e por causa de sua própria criação. Eu não concordo com elas".

Opinião: "Se você é privilegiado, tem a obrigação de ser bem-sucedido".
Pessoa que tinha essa opinião: Pai, professores.
Pensamento equilibrado: "Eu posso estabelecer objetivos pessoais relacionados com o que é importante para mim. Se existe uma área em que eu queira ser bem-sucedido, tentarei alcançar o sucesso, mas aceito que posso não conseguir".

Opinião: "Você é um indivíduo interessante, independentemente da sua classe social ou sexualidade".
Pessoa que tinha essa opinião: Mãe.
Pensamento equilibrado: N/A (não há necessidade de um pensamento equilibrado, pois a opinião não é negativa).

3. Que opiniões as pessoas influentes na sua vida quando você era criança ou adolescente tinham sobre o valor das pessoas no grupo que você deu como resposta na pergunta 1? Anote essas opiniões (sejam positivas ou negativas) e de quem eram (pai, mãe, professor etc.). Para cada uma das opiniões negativas, crie um pensamento equilibrado para contrabalançá-la ou colocá-la em perspectiva e o anote.

Análise de Max:
Opinião: "Os gays causam constrangimento aos outros".
Pessoa que tinha essa opinião: Pai.

Pensamento equilibrado: "Lamento que meu pai tenha essa opinião, mas isso diz mais sobre ele do que sobre mim. Sou uma pessoa extremamente afetuosa. Tenho alguns defeitos, mas quem não tem?".

Opinião: "Os gays muitas vezes têm uma perspectiva interessante para comunicar".
Pessoa que tinha essa opinião: Mãe.
Pensamento equilibrado: N/A (não há necessidade de um pensamento equilibrado, pois a opinião não é negativa).

Outra maneira de desafiar um estereótipo negativo sobre como você deve ser ou se comportar por pertencer a determinada categoria de pessoas é pensar em crenças alternativas sobre o grupo que sejam mais positivas ou menos dogmáticas. Explore essas alternativas possíveis de um modo similar ao modo como você pode explorar alternativas às crenças limitantes sobre si mesmo (ver capítulo 1, páginas 46-50).

A ORIGEM DA SUA PRÓPRIA AUTOESTIMA

Alguns dos princípios anteriores (aplicados a estereótipos e rótulos) também podem ser ampliados ou adaptados para se aplicar a mensagens negativas sobre si que recebe dos outros, as quais talvez não se encaixem em classificações gerais como gênero, raça ou sexualidade, mas têm um impacto negativo sobre você.

As causas possíveis da baixa autoestima mencionadas anteriormente neste capítulo são precisamente isto: causas *possíveis*. De maneira similar, as classificações possíveis mencionadas nas páginas anteriores são classificações *possíveis*, não as únicas. É mais provável que você identifique as razões para seu próprio nível de autoestima (seja alto ou baixo) com base em suas memórias ou experiências prévias e nas mensagens que, conscientemente ou não, corretamente ou não, lhe foram transmitidas.

Crenças não crescem em árvores. São adquiridas com a experiência e com as mensagens que os outros transmitem.

Se alguém importante para você está sempre dizendo que você carece de certas qualidades, ou tem certas características negativas, ou que não vai muito longe, ou que não deve fazer certas coisas, você pode começar a acreditar nisso.

Por outro lado, se as pessoas próximas lhe dão mensagens *positivas*, dizendo, por exemplo, que você tem valor, que é amado, que tem o direito de ter opiniões, isso provavelmente ajudará sua autoestima.

Identifique mensagens positivas e negativas com base em experiências passadas

Responda às perguntas a seguir para refletir sobre influências ou situações na infância ou na vida adulta que o levaram a receber mensagens negativas ou positivas sobre si mesmo que podem ter contribuído para seu nível atual de autoestima.

Observação: Se você passou por experiências abusivas traumáticas em sua vida e teme que responder a essas perguntas (ou quaisquer outras neste livro) possa trazer de volta memórias perturbadoras ou dolorosas de uma natureza extrema, você talvez prefira pular esse exercício ou fazê-lo em um ambiente onde haja alguém que possa lhe proporcionar apoio adequado, se necessário.

Infância: Quais foram as pessoas mais importantes para você em sua infância (pais, irmãos, professores, amigos etc.)?

Quais foram os ambientes, situações ou experiências que tiveram mais influência sobre o modo como você se desenvolveu (casa, escola etc.)?

(a) Primeiro, anote quaisquer **mensagens positivas** sobre você e seu potencial que tenha recebido dessas pessoas, ambientes ou situações importantes.

(b) Em seguida, anote quaisquer **mensagens negativas** sobre você e seu potencial que tenha recebido dessas pessoas, ambientes ou situações importantes.

(c) Algumas dessas mensagens negativas influenciam seu comportamento e seus pensamentos ainda hoje? Se sim, crie pensamentos equilibrados para elas ou use alguma das técnicas apresentadas posteriormente neste capítulo.

Vida adulta: Quem foram as pessoas mais importantes em sua vida adulta e quais as situações ou experiências que mais o influenciaram como adulto?

(a) Primeiro, anote quaisquer **mensagens positivas** sobre você e seu potencial que tenha recebido dessas pessoas, ambientes ou situações importantes.

(b) Em seguida, anote quaisquer **mensagens negativas** sobre você e seu potencial que tenha recebido dessas pessoas, ambientes ou situações importantes.

(c) Algumas dessas mensagens negativas influenciam seu comportamento e seus pensamentos ainda hoje? Se sim, crie pensamentos equilibrados para elas ou use algumas das técnicas apresentadas posteriormente neste capítulo.

Como lidar com mensagens negativas do seu passado

Se ao fazer o exercício anterior você se deparar com algumas mensagens negativas do seu passado que ainda o assombram, agora você tem uma explicação simples de algumas das possíveis causas de sua baixa autoestima, o que pode ajudá-lo a seguir em frente. A maneira de fazer isso, quando você se perceber pensando na mensagem negativa sobre si mesmo, é *lembrar-se da origem dessa mensagem, e então criar um pensamento equilibrado* para avaliar essa mensagem negativa de uma forma mais construtiva e recordar o pensamento equilibrado nos momentos apropriados. Um exemplo é dado no estudo de caso a seguir.

Christine: lidando com mensagens negativas do passado

Christine é uma profissional bem-sucedida de trinta e poucos anos, com alguns bons amigos próximos e vários interesses, mas ela frequentemente se menospreza e acha difícil ver valor nas coisas que faz, embora suas opiniões sejam valorizadas por outras pessoas e seus amigos a vejam como afetuosa e generosa.

Christine faz o exercício anterior, identificando mensagens em suas experiências passadas. Ela está convencida de que uma das explicações prováveis para seus sentimentos de inferioridade e de não ser boa o bastante é que quando ela era jovem seus pais raramente a elogiavam e a criticavam com frequência.

Christine usa a técnica de perguntar a si mesma o que ela diria a um amigo em sua situação (página 68) para criar um pensamento equilibrado que ela possa recordar quando tiver essa sensação de não ser boa o bastante, para ajudá-la a contextualizar a mensagem negativa. Seu pensamento equilibrado se refere à explicação e então a contraria de uma maneira simples, dizendo:

> É compreensível que você pense em si mesma como não sendo boa o bastante, por causa das mensagens negativas que recebeu dos seus pais quando era mais nova. Na verdade, você é valorizada pelos amigos e bem-sucedida no trabalho.

Christine percebe que repetir a afirmação para si mesma nos momentos oportunos alivia o estresse que ela sente quando está sendo autocrítica.

Admita sua baixa autoestima

Muitas vezes há um paradoxo com relação a pensamentos negativos e baixa autoestima: quanto mais você tenta combatê-los, pior fica ou mais difícil parece. Como mostra o exemplo de Christine, parte do segredo de lidar com baixa autoestima é aceitá-la – em vez de tentar combatê-la ou negá-la de modo confrontador. Tende a ser mais fácil lidar com ela se você for capaz de admiti-la, explicá-la em termos simples e então fazer um comentário prático que a coloque em perspectiva ou lide com os padrões de pensamento distorcidos que estão presentes em seus pensamentos negativos sobre si mesmo.

NÃO ESQUEÇA!!! Muitas pessoas capazes e adoráveis têm baixa autoestima – não é um crime! É mais provável que sua autoestima melhore ou pelo menos crie menos problemas se você encarar sua baixa autoestima e as experiências que a criaram com uma postura acrítica. Isso não significa não fazer nada a respeito, apenas que você não precisa se punir por ter baixa autoestima!

Contextualize sua baixa autoestima

É importante perceber que a autoestima é apenas um aspecto de si! Este capítulo se chama *Observe-se* e, embora compreender de onde vem sua autoestima (ou falta de) seja parte do processo de observar a si mesmo, não é o processo inteiro. Se você puder construir uma imagem de si mesmo e de seus valores e características que seja mais ampla do que se ver unicamente em termos de autoestima, isso pode ajudá-lo a desenvolver seu potencial de um modo saudável.

Construa uma imagem de si mesmo em cinco passos

EXPERIMENTE AGORA!

Há muitas formas de ajudá-lo a construir uma imagem mais precisa de si mesmo, seus valores e suas aspirações. Este é um processo em cinco etapas que você pode seguir para começar a construir tal imagem mais complexa.

Passo 1: Identifique algumas características e valores que são importantes para você
(a) Leia a lista a seguir com algumas características que as pessoas valorizam e então anote até cinco dos valores e características relacionados que você mais gostaria de demonstrar e personificar no modo como vive (não necessariamente em ordem de prioridade). A lista é apenas um guia. Se puder pensar em algo que não esteja na lista ou se quiser usar uma palavra diferente para o que está listado, sinta-se livre para fazê-lo.

Lista de possíveis características e valores positivos
amabilidade • amizade • amor • assertividade • autoconsciência • boa forma física • boas relações profissionais • capacidade de aprender com a experiência • capacidade de assumir riscos • capacidade de cuidar de mim mesmo • capacidade de encarar as coisas com tranquilidade • capacidade de mudar e me aperfeiçoar • capacidade de organização • capacidade de relaxar • compreensão • compromisso com a família • confiabilidade • consciência ambiental • consciência social • cooperação • criatividade • diversão • empatia • entusiasmo • equilíbrio • espiritualidade • estabilidade • estilo de

vida religioso • expressão pessoal • generosidade • habilidade artística • habilidade musical • honestidade • honra • humor • independência • individualidade • integridade • inteligência • intimidade • liberdade • lutar por direitos • não me levar tão a sério • parcimônia • saber compartilhar • saúde física • sensualidade • ser apreciado pelos outros • ser parte de uma comunidade • ser parte de uma equipe • sexualidade • solidariedade • solitude • sucesso

(b) Anote para si mesmo um exemplo de situação, acontecimento ou incidente em sua vida em que você acha que demonstrou uma ou mais das características ou valores que selecionou, descrevendo o que aconteceu e quais dos valores ou características foram demonstrados.

Passo 2: Que tipo de pessoa você quer ser?
(a) Como você acha que é visto pelas pessoas atualmente?
    Coloque seu nome no começo da frase a seguir e então complete o resto rapidamente, imaginando como outras pessoas o descreveriam:
    .... é o tipo de pessoa que ....
    ....
    ....

(b) Como você costumava ser visto pelas pessoas?
    As pessoas teriam dado a mesma resposta à pergunta anterior se você tivesse lhes perguntado há dois ou três anos (ou algum outro período significativo no passado)? Se a resposta teria sido diferente, indique qual poderia ter sido na época completando a frase a seguir, novamente inserindo seu nome no começo:
    .... costumava ser o tipo de pessoa que ....
    ....
    ....

(c) Que tipo de pessoa você quer ser?

Agora pense no tipo de pessoa que você gostaria de ser – isso pode ser similar a uma das afirmações anteriores ou pode ser algo totalmente diferente! Complete a frase a seguir:

Eu gostaria de ser o tipo de pessoa que ....
....
....

Passo 3: Crie um epitáfio para si mesmo!

Imagine que alguém está escrevendo seu epitáfio. O que você gostaria que escrevessem? Anote o epitáfio, mantendo-o sucinto (digamos, uma ou duas frases). Espero que esse epitáfio não seja necessário por muito tempo, mas pensar nele pode ajudá-lo a identificar o que é importante para você!

Passo 4: Lembre-se de suas afirmações

Agora volte ao capítulo 1 e leia as afirmações que você criou para si mesmo (página 29).

Passo 5: Crie uma descrição pessoal

Finalmente, releia os passos anteriores e tente criar uma descrição pessoal que lhe dê uma imagem precisa de si e que você possa recordar sempre que tiver uma tendência a se ver de modo limitado. Sua descrição pode ter apenas um parágrafo ou vários. Tente redigi-la de uma maneira positiva e construtiva, para que seja um reconhecimento de seus valores, aspirações e identidade. Escreva-a na terceira pessoa, pelo menos da primeira vez, imaginando que você é um amigo observando-o e descrevendo-o de forma honesta, mas construtiva.

Ao criar sua descrição dessa maneira, é importante que, da primeira vez, você a escreva do ponto de vista de um amigo. Se algum de seus pensamentos sobre o tipo de pessoa que você quer ser (passo 2c acima) forem conduzidos por um desejo de ser o que você acha que *outros* gostariam que você fosse ou o que você *tem de* ser, usar o ponto de vista de um amigo para criar sua descrição pode ajudá-lo a ver que você está fazendo exigências excessivas ou perfeccionistas de si mesmo.

Doug: criando uma descrição pessoal

Doug trabalha como atuário, um emprego que o ajudou a ter uma renda razoável e sustentar uma família. Ao trabalhar duro para ajudar a sustentar a família, ele sacrificou alguns interesses pessoais aos quais teria gostado de se dedicar se tivesse tempo – principalmente pintar, algo que fazia bem quando era mais jovem. Quando seu casamento termina, ele começa a se sentir desiludido com o que fez da vida, e sua autoestima é abalada. Ele usa o processo em cinco passos descrito anteriormente para construir uma imagem mais complexa de si mesmo e produz a seguinte afirmação pessoal:

> Doug é o tipo de homem que não tem paciência com bobeiras, mas tem um coração honesto e está comprometido a fazer o melhor por sua família. Quando morrer, ele gostaria de ser lembrado como alguém que aproveitou ao máximo o trabalho e a vida e contribuiu para a vida de outras pessoas. Ele tem um lado criativo que ainda não conseguiu expressar plenamente. Ele é atencioso e generoso. É independente e viajou muito quando era mais jovem. Lamenta que alguns relacionamentos não tenham dado tão certo quanto ele gostaria, mas valoriza os relacionamentos importantes que tem. Ele gostaria de viver uma vida mais simples, menos tumultuada e menos focada no dinheiro, e se dedicar mais a alguns de seus interesses pessoais quando tiver a oportunidade.

O objetivo de fazer o exercício de descrição pessoal é construir uma imagem mais completa de si, para ajudá-lo a ver que, embora sua autoestima seja parte de você, não é tudo. Se você pensar em sua vida como uma jornada, é uma jornada inacabada. Se sofre de baixa autoestima, isso pode levá-lo a acreditar que está empacado em um certo lugar nessa jornada. Fazer a descrição pessoal e os exercícios relacionados pode ajudá-lo a avançar na jornada, à medida que você se vê de maneira mais ampla e mais completa e começa a construir algumas aspirações com base na imagem mais abrangente de si mesmo, seus valores e seus desejos.

EXPERIMENTE AGORA! Depois de criar sua descrição pessoal e fazer os exercícios relacionados, pergunte-se se há alguma aspiração em particular à qual você queira se dedicar nos próximos seis meses, tendo em mente o que você identificou quanto a seus valores e características e ao modo como se vê. Estabeleça pelo menos uma ação *realizável* que você possa se comprometer a fazer ou começar a fazer em um intervalo de tempo específico para ajudá-lo a avançar rumo a tal aspiração. No caso de Doug, tendo identificado em sua descrição o desejo de se dedicar a algum de seus interesses pessoais, ele pode, por exemplo, estabelecer para si mesmo que vai pintar um quadro em um certo intervalo de tempo que lhe pareça razoável, ou então se matricular em um curso noturno para perseguir esse interesse.

O QUE VOCÊ GANHA AO TER BAIXA AUTOESTIMA

Parte do processo de observar a si mesmo com relação à autoestima envolve compreender o que você ganha – ou acha que ganha – ao ter baixa autoestima. Quando vemos de fora alguém com baixa autoestima, muitas vezes é fácil identificar os possíveis benefícios que a pessoa teria se melhorasse sua autoestima (por exemplo, no capítulo 1, eu listei algumas vantagens de ter um nível razoável de autoestima em comparação com ter baixa autoestima (página 15), como sentir-se melhor consigo mesmo e ser capaz de se envolver em relacionamentos de forma mais construtiva). No entanto, se você é uma pessoa que tem baixa autoestima, esta pode ter consequências que você *enxerga* como sendo vantajosas, as quais, na verdade, o impedem de fazer coisas que poderiam melhorar sua autoestima. Considere o estudo de caso a seguir:

Siobhan: supostas vantagens da baixa autoestima

Siobhan é uma trabalhadora social muito experiente. Ela tem uma boa compreensão das questões profissionais e é respeitada por seus colegas. Quando surge na equipe uma vaga sênior, ela fica interessada em se candidatar, mas uma voz em sua cabeça insiste em dizer que ela não é boa o bastante, e ela hesita. Um de seus colegas a encoraja a se candidatar, e ela explica que acha que não está preparada. O colega contraria isso, dando exemplos para corroborar sua opinião de que Siobhan é competente e capaz de desempenhar a função sênior. Siobhan então explica que tem uma série de preocupações com o que poderia acontecer se ela se candidatasse ao cargo:

- Ela poderia não ser aceita e ficaria decepcionada.
- Outros membros da equipe poderiam achá-la arrogante por se candidatar à vaga.
- Ela poderia ser aceita e então achar difícil demais ou fazer papel de idiota.

Nesse exemplo, Siobhan enxerga uma vantagem em ter baixa autoestima, pois isso a protege de assumir riscos que poderiam resultar em estresse ou vergonha. Outra vantagem de ter baixa autoestima é que ela não precisa considerar mudanças que poderiam perturbar seu equilíbrio. Ela sabe como é ter baixa autoestima, mas não tem certeza de que ter autoestima mais alta seria melhor. Talvez a transforme em uma pessoa diferente do que é hoje, pensa, e ela não tem certeza de se quer isso ou de como seus amigos reagiriam.

É importante que você identifique que vantagens acredita que pode haver em ter baixa autoestima. Para cada suposta vantagem, pergunte se há um argumento contrário. A lista de supostas vantagens e argumentos contrários de Siobhan seria mais ou menos assim:

> *Vantagem de ter baixa autoestima:* Eu não preciso assumir riscos que podem ter resultados ruins.
> *Argumento contrário:* Se eu não assumir riscos, perco muitos possíveis benefícios. É melhor avaliar quão graves são os riscos e se os possíveis benefícios os superam, em vez de não arriscar nada.
>
> *Vantagem de ter baixa autoestima:* A baixa autoestima é parte da minha identidade – se eu mudar, posso perder minha essência, e meus amigos podem me abandonar!
> *Argumento contrário:* Contanto que eu não me torne arrogante, ter mais autoestima me ajudará a desenvolver meu potencial. No momento, minha baixa autoestima está me impedindo de fazer isso. Meus bons amigos ficarão felizes por mim se eu desenvolver meu potencial.

EXPERIMENTE AGORA! Se você tem baixa autoestima, considere e liste as possíveis vantagens da baixa autoestima para você, então anote os argumentos contrários para cada vantagem, como no exemplo anterior.

Como lidar com o medo do que as pessoas podem pensar de você

Se sua baixa autoestima está associada com um medo de fazer papel de idiota ou de ofender alguém, usar uma "exposição gradual" pode ajudá-lo a superar esse medo.

TERMO-CHAVE

Exposição gradual é quando você experimenta gradativamente o comportamento que está evitando, aumentando a exposição pouco a pouco se notar algum avanço inicial. Essa abordagem está em consonância com as técnicas e exercícios recomendados por Aaron Beck para lidar com a ansiedade, por exemplo, em seu livro *Anxiety Disorders and Phobias*.

Um típico exemplo de alguém usando a técnica de exposição gradual seria uma situação em que você tente encontrar pessoas por causa do que elas poderiam pensar de você. Pode ser útil listar aspectos do seu comportamento que você sabe que estão associados com evitar riscos e então anotar comportamentos alternativos que você pode experimentar. Tal lista poderia ser algo mais ou menos assim:

Comportamento avesso a riscos: Criar uma desculpa para não encontrar um grupo de pessoas que não conheço porque me preocupo com o que elas vão pensar de mim.
Comportamento alternativo a experimentar: Escolher encontrar o grupo por um breve período, em vez de não ir.

Comportamento avesso a riscos: Evitar contato visual com as pessoas.
Comportamento alternativo a experimentar: Conscientemente fazer contato visual com pelo menos duas pessoas diferentes em um encontro social.

Comportamento avesso a riscos: Ficar em silêncio quando estou em um grupo de pessoas que não conheço.
Comportamento alternativo a experimentar: Escolher dizer alguma coisa a pelo menos uma pessoa no grupo antes de ir embora.

Comportamento avesso a riscos: Dar uma falsa desculpa e sair cedo de um encontro.
Comportamento alternativo a experimentar: Decidir não ir embora até pelo menos duas outras pessoas terem ido.

Seguindo a ideia de exposição gradual, você pode achar útil ordenar seus comportamentos alternativos por grau de dificuldade e experimentar primeiro o menos difícil.

EXPERIMENTE AGORA! Se você acha que evitar assumir riscos é parte de sua baixa autoestima, crie uma lista como a anterior, identificando comportamentos avessos a riscos aos quais você tem uma tendência e especificando alternativas. Escolha a alternativa menos difícil para experimentar primeiro e veja se os resultados são os previstos.

PRÁTICA DE ATENÇÃO PLENA PARA AUTOCONSCIÊNCIA

Uma forma de desenvolver autoconsciência que pode ser útil para pessoas que estão sofrendo com questões de autoestima ou pensamentos negativos é a prática da atenção plena. Essa é uma expansão moderna das tradições de meditação hindus e budistas. A atenção plena trata de:

- Acalmar sua mente.
- Concentrar-se no momento presente.
- Alcançar mais quietude, tranquilidade e contentamento.

Na segunda metade do século XX, o monge budista vietnamita Thich Nhat Hanh escreveu uma série de livros populares, incluindo o best-seller *O milagre da mente alerta*, que trouxe a um público ocidental muitos dos princípios do zen budismo e práticas simples de meditação. Outros, como o Dr. Jon Kabat-Zinn, na Escola de Medicina da Universidade de Massachusetts, usaram técnicas de atenção plena para tratar pessoas com doenças crônicas ou com pensamentos estressantes.

A prática da atenção plena pode ser extremamente relevante para questões de autoestima por causa do fluxo de pensamentos negativos incontrolados que é capaz de invadir sua mente nessas situações. Há dois aspectos para praticar a atenção plena:

- Prática de meditação básica.
- Atenção plena em sua vida cotidiana.

Prática de meditação básica: A meditação pode soar assustadora, mas em sua forma mais simples nada mais é que ajudar a mente a se concentrar e a ficar quieta. Isso é particularmente relevante para questões de autoestima, em que você pode perceber que sua mente está preocupada com pensamentos autocríticos ou ansiosos. Uma maneira possível de praticar meditação é a seguinte:

1. Reserve um período do dia para experimentar a meditação – talvez dez ou vinte minutos, ou mesmo cinco minutos. Se possível, escolha um lugar calmo onde será mais fácil concentrar-se sem distrações.
2. Sente-se ou ajoelhe-se com a coluna ereta e relaxe os ombros (se sua saúde ou seu físico o impedem de adotar essa postura, encontre uma alternativa que seja confortável para você).
3. Feche os olhos.
4. Respire devagar e, se possível, procure respirar a partir do diafragma (nesse caso, seu abdômen irá subir e descer à medida que você respira) em vez do tórax – você pode colocar uma mão sobre o abdômen se desejar, para senti-lo subir e descer.

5. Conte cada respiração – para sua primeira respiração, conte "um" mentalmente ao inspirar, e "um" outra vez ao expirar; para sua segunda respiração, conte "dois" mentalmente ao inspirar, e "dois" outra vez ao expirar. Continue até dez, então comece do um novamente.
6. Continue fazendo isso pelo período que estipulou.
7. Durante o processo, foque sua atenção na contagem. É provável que você perceba sua mente divagando em pensamentos ou outras coisas – se e quando isso acontecer, apenas tente trazê-la de volta gentilmente para focar em sua contagem. Tente não se criticar se sua mente divagar (é natural), apenas procure retomar o foco na contagem.
8. No final do período estipulado, encerre sua meditação com delicadeza, abrindo os olhos e olhando à sua volta para se reorientar. Se conseguir, mantenha a sensação de calma na próxima atividade e durante o resto do dia.

A meditação pode ajudá-lo a se distanciar do fardo opressivo dos pensamentos estressantes e a lidar melhor com eles. Tem mais benefícios se praticada regularmente. As instruções sugeridas acima o encorajam a reservar um tempo para a meditação, mas você também pode praticar observando sua respiração de maneira similar em outras situações nas quais esteja ciente de estar tendo pensamentos negativos ou estressantes.

Atenção plena em sua vida cotidiana: Se achar que a prática de meditação o ajuda, você talvez também perceba que aplicar o princípio geral de fazer as coisas com calma pode ajudá-lo a conseguir lidar melhor com a correria da vida ou com a energia negativa dos pensamentos autocríticos. Concentre-se nas tarefas que tem em mãos e, se seus pensamentos divagarem, traga sua mente de volta à tarefa, sem se julgar.

Muitos de nós entramos em uma rotina de sentir que precisamos correr ou alcançar certos resultados. Se esse é o seu caso, você talvez perceba que, às vezes, encarar as coisas com um pouco mais de calma e focando-se em uma atividade, sem achar que você deve alcançar determinados resultados, o ajuda a relaxar e alivia parte do estresse interior criado por pensamentos negativos, críticos e ansiosos. Em *O milagre da mente alerta*, Thich Nhat Hanh dá um exemplo de alguém lavando a louça com pressa para tentar terminar o mais rápido possível e contrasta isso com o modo atento de lavar louça (que ele prefere), o qual consiste em focar no que você está fazendo, e em sua respiração e sensações, e tomar seu tempo. Ele também sugere que você reserve um dia por semana como o dia da atenção plena, quando visa a fazer as coisas devagar e a se concentrar em cada tarefa de maneira calma e atenta.

EXPERIMENTE AGORA! Comprometa-se a experimentar a prática de meditação simples descrita acima em um horário específico esta semana e/ou reserve um dia para a atenção plena. Em seguida, reflita sobre como você se sentiu durante e depois da experiência e considere se é algo que você gostaria de fazer regularmente.

NÃO ESQUEÇA!!! Pouquíssimas pessoas (se é que alguma) meditam com perfeição – é uma disciplina que leva tempo para se aprender. Não seja severo consigo mesmo se sua mente divagar durante a meditação – apenas tente trazer a si mesmo de volta ao foco de sua prática.

Crie um diário sobre sua autoestima

Se a ideia de meditar ou praticar atenção plena não o atrai e você prefere um método diferente, uma maneira alternativa de entrar em contato com seus sentimentos e desenvolver autoconsciência de modo construtivo é criar um diário sobre sua autoestima.

Manter um diário desse tipo envolve:

- Anotar suas reflexões e atividades.
- Expressar seus pensamentos e sentimentos.
- Seguir uma estrutura ou método escolhido.
- Tratar seu diário como um registro especial.

As características acima são importantes. O tipo de diário de que estou falando não é simplesmente uma vazão aleatória de seus pensamentos ou sentimentos (o que pode ser útil no início, mas também pode se tornar improdutivo); é um documento que o ajuda a:

- Ficar mais autoconsciente e identificar padrões problemáticos que você pode estar repetindo e/ou padrões úteis.
- Lidar com padrões problemáticos.
- Tratar a si mesmo com respeito.
- Fazer mudanças positivas.

COMO USAR UM DIÁRIO PARA LIDAR COM VOZES INTERIORES NEGATIVAS

Se você tende a se ver de um modo negativo, pode usar um diário para substituir vozes negativas em sua cabeça por vozes mais alentadoras que o ajudem a construir uma imagem mais saudável e positiva de si mesmo. Você pode fazer isso da seguinte forma:

Passo 1: Consiga um caderno, fichário ou outro sistema de registro que vá usar como seu diário pessoal. Mantenha-o em um lugar seguro, já que é seu documento particular. Comprometa-se a fazer anotações no diário durante duas semanas regularmente – por exemplo, você pode se comprometer a escrever de dez a quinze minutos diariamente, de preferência sempre no mesmo horário.

Passo 2: Comece escrevendo diariamente. Da primeira vez, escreva apenas sobre o que você está sentindo e pensando no momento – expresse suas preocupações, desejos, sentimentos, pensamentos e reflexões. Se quiser, ou caso se sinta emperrado, você pode inclusive anotar suas reflexões sobre o fato de estar escrevendo em um diário! Escreva na primeira pessoa ("Eu sinto...", "Eu penso..."). Enquanto escreve, você pode refletir sobre:

- Preocupações imediatas.
- Coisas que estão indo bem para você ou expectativas.
- Coisas que não estão indo bem para você ou frustrações e ansiedades.
- Padrões visíveis em sua vida, positivos ou negativos, ou coisas que você queira mudar.
- Como você age em certas situações e como pensa e sente.
- Realizações ou aspectos positivos do dia.

Passo 3: Depois de uma semana, consulte seu diário e, se perceber que há muitas frases negativas ou autocríticas, tente identificar suas características:

- Existe um padrão para o tipo de frase negativa que surge?
- Qual é a natureza da voz crítica – tem um tom em particular? Parece masculina ou feminina? Você a associa com alguma voz do seu passado ou presente? Quando você acha que pode ter ouvido esse tipo de afirmação a seu respeito pela primeira vez, vinda de quem e em que contexto?

Passo 4: Na próxima semana, ao escrever o diário, comprometa-se a desafiar e substituir as vozes negativas. Você pode *desafiar* vozes negativas das seguintes maneiras:

- Imagine o que você diria a seu melhor amigo que estivesse expressando esse pensamento negativo e anote a resposta em seu diário ao lado do pensamento autocrítico ou negativo, *ou*

- Se você identificou a voz negativa como sendo de alguém que conhece, pergunte-se que questões ou razões podem estar levando essa pessoa a falar desse modo, e registre isso em seu diário.
- Registre no diário qualquer indício de que a voz negativa seja imprecisa ou exagerada.

Você pode *substituir* reflexões negativas ou autocríticas das seguintes maneiras:

- Lembre-se de alguém do passado ou do presente que o apoia, imaginando que a pessoa está ao seu lado, e anote em seu diário comentários positivos que ela poderia fazer em resposta à declaração negativa.
- Imagine-se no papel de um parente afetuoso e anote o que você diria em resposta ao comentário negativo.

Passo 5: Se o processo que realizou no passo 4 foi útil, continue a fazê-lo toda semana pelo tempo que julgar conveniente.

EXPERIMENTE AGORA! Se você achar que usar um diário pode ser útil, tente manter um diário sobre sua autoestima pelas próximas duas semanas, seguindo os passos descritos anteriormente.

Você pode encontrar ideias similares e complementares para criar diferentes tipos de diários sobre autoestima no livro *The Self--Esteem Journal*, de Alison Waines (2004).

Principais ideias do capítulo 4

Algumas das principais ideias a serem lembradas do capítulo 4 são:

- O estilo de criação dos pais muitas vezes pode contribuir para a baixa autoestima do filho.
- Experiências de abuso, negligência ou rejeição podem levar à baixa autoestima.
- As correlações entre os *níveis* de autoestima e questões de discriminação não estão claras.
- As expectativas sociais, culturais e relacionadas ao gênero, e outros estereótipos, podem contribuir para os *tipos* de questões que mais afetam sua autoestima.
- Rótulos estereotípicos negativos sobre si mesmo e nos quais você acredita (qualquer que seja a causa) podem impactar negativamente sua autoestima. Você pode usar pensamentos equilibrados para colocá-los em perspectiva.
- Se você tem uma autoimagem negativa, pode equilibrá-la criando uma descrição mais realista e positiva de si mesmo.
- Para ajudá-lo a lidar com a baixa autoestima, é importante identificar as possíveis vantagens que ter baixa autoestima oferece e desafiar o pensamento falho sobre essas vantagens.
- Usar técnicas de atenção plena ou criar um diário sobre sua autoestima podem ajudá-lo a lidar com pensamentos e sentimentos negativos oriundos de uma autoimagem ruim.

5. Represente-se

"Os grandes sábios dizem que uma pessoa é inteligente quando todas as suas ações estão livres da ansiedade pelos resultados." [3]
O Bhagavad Gita 4:19

Três maneiras de se relacionar com outras pessoas

Costuma-se afirmar que há três maneiras básicas de interagir com outras pessoas: passivamente, assertivamente ou agressivamente. Representar-se significa agir assertivamente.

Comportamento passivo é um tipo de comportamento característico de alguém que busca, acima de tudo, evitar o conflito. Se essa é uma forma de comportamento que você apresenta, é provável que, quaisquer que sejam seus sentimentos, você permita que outras pessoas façam escolhas e tomem decisões por você ou tirem vantagem de sua boa vontade.

Se examinarmos novamente a classificação das pessoas de acordo com sua autoestima e o valor que dão a si mesmas que apresentei no início do primeiro capítulo deste livro (1. Pessoa com baixa autoestima; 2. Pessoa com autoestima razoável; 3. Pessoa arrogante ou prepotente), você possivelmente concordará que o comportamento passivo tem mais probabilidade de estar associado à baixa autoestima. Se você não se valoriza e duvida de suas próprias habilidades e opiniões, pode ter uma tendência a ceder às opiniões dos demais ou a evitar contrariá-las ou tomar decisões por si mesmo.

Comportamento assertivo: Agir assertivamente envolve ser capaz de expressar suas próprias necessidades, desejos e sentimentos

---

3. Livre tradução ao português com base na tradução de Eknath Easwaran para o inglês. (N.T.)

claramente, de uma forma que seja construtiva e que dê oportunidade de os outros se expressarem. Você é capaz de tomar decisões por si mesmo, mas também sabe levar em consideração o ponto de vista e as opiniões dos outros e agir de forma respeitosa.

Mais uma vez considerando a classificação das pessoas de acordo com sua autoestima e do valor que dão a si mesmas apresentada no capítulo 1, eu diria que, se você tem um nível *razoável* de autoestima, tem mais probabilidade de conseguir agir de maneira assertiva. Você não se preocupa excessivamente com o que outras pessoas pensam ou com a impressão que passa, ou se é capaz ou não, mas também não desconsidera as opiniões e os sentimentos dos outros nem superestima suas habilidades. Você chega a um meio-termo razoável com as habilidades que tem.

Comportamento agressivo está no extremo oposto ao comportamento passivo. Alguém que age de maneira agressiva expressa suas próprias necessidades e desejos livremente, mas com frequência sem considerar os sentimentos dos outros e, às vezes, de um modo grosseiro ou intimidador. Se você se enquadra na terceira categoria da classificação original com relação à autoestima apresentada no capítulo 1 (ser arrogante ou prepotente), possivelmente tem propensão a comportamento agressivo.

Costuma-se também falar sobre comportamento "passivo-agressivo", que é um tipo de agressividade mascarada ou silenciosa. Basicamente, consiste em não cooperar ou não concordar, mas não expressar sua opinião verbalmente de uma maneira clara. Uma pessoa que é "passiva-agressiva" pode, às vezes, *parecer* ser complacente ou passiva, quando, na verdade, está minando ou sabotando a outra pessoa. Agir de um modo irritado, obstruir indiretamente ou criar confusão para evitar fazer alguma coisa seriam exemplos de um comportamento passivo-agressivo.

Assertividade – o caminho do meio

No capítulo 1, afirmei que a categoria intermediária, ter um nível razoável de autoestima, era a que eu o encorajava a almejar. Do mesmo modo, aqui eu o encorajo a almejar a categoria intermediária, agir de maneira assertiva, em vez de um dos dois extremos – ser passivo ou ser agressivo.

Uma pessoa que é assertiva pode ser descrita como alguém que:

- Expressa suas opiniões de maneira clara e articulada, sem ser agressiva.
- Defende seus direitos e os direitos de outras pessoas de maneira clara e sensata.
- Dá a outras pessoas a oportunidade de expressarem suas opiniões, sem permitir que elas monopolizem a conversa.
- Tem coragem de expressar seus próprios sentimentos, mesmo com relação a assuntos difíceis, de uma maneira respeitosa e honesta.

Os principais elementos da assertividade são:
- Clareza
- Razoabilidade
- Honestidade
- Respeito

Características de um comportamento assertivo

Frequentemente, as seguintes características são destacadas como sendo de comportamento assertivo:

- Identificar quando você está expressando seus próprios sentimentos ou desejos, usando afirmações pessoais como: "Eu gostaria que...”; “Eu prefiro...", "Eu sinto...".
- Deixar claro quando você está apresentando uma opinião ou ponto de vista, usando frases como: "Na minha opinião...”; “Do meu ponto de vista...”; "A impressão que eu tenho é a de que...".
- Perguntar qual a opinião dos outros ou como se sentem em

dada situação, de uma maneira aberta que lhes permita expressar seu ponto de vista se quiserem – por exemplo, usando perguntas abertas como: "O que você acha de...?"; "Qual a sua opinião sobre...?"; "Como você se sente a respeito...?; "O que você gostaria...?".

Aspectos não verbais do comportamento assertivo

Assim como as palavras, suas ações podem contribuir para que você se comporte de uma maneira sensata e assertiva, em vez de passiva ou agressiva. O comportamento não verbal que pode contribuir para ser assertivo inclui:

- Falar em um tom afetuoso e amigável, mas sem ser condescendente.
- Usar gestos amigáveis, mas não abertamente agressivos, para ilustrar seus sentimentos – por exemplo, gesticulando com as mãos de modo ilustrativo, mas não ameaçador.
- Prestar atenção aos outros quando for apropriado, mas tentar não invadir seu espaço pessoal aproximando-se *demais* de maneira inoportuna.

DICA ÚTIL

Você pode achar útil ouvir comentários dos outros sobre como eles recebem sua postura, expressões ou gestos, para que possa refletir sobre o que seria um comportamento assertivo razoável em determinada situação. Se você está interagindo em um ambiente cultural com o qual não está familiarizado, isso também pode incluir descobrir que significância tende a estar associada com diferentes comportamentos na cultura em questão.

Os benefícios de ser assertivo

Ser assertivo tem muitos benefícios em potencial, incluindo:

- Sentir-se melhor consigo mesmo.
- Sentir-se mais confiante.
- Conseguir relaxar mais.
- Ter mais consciência de suas próprias necessidades e mais capacidade de atendê-las.
- Conseguir estabelecer objetivos pessoais e profissionais, em vez de colocar tudo e todos na frente.
- Participar de relacionamentos honestos e construtivos, em que você e outros possam ter compreensão e respeito e resolver problemas juntos.

Assertividade *não* significa impor suas opiniões sobre as de outros ou monopolizar uma conversa, nem permitir que outros o façam. O primeiro desses dois extremos normalmente seria considerado comportamento *agressivo* e o segundo, *passivo*. (Esses tipos de comportamento são ilustrados mais detalhadamente nos dois estudos de caso a seguir.)

Angie: comportamento passivo

Angie tem baixa autoestima. Ela não acredita ser boa na maioria das coisas e tem medo de fazer papel de idiota ou perturbar outras pessoas. Angie tem as seguintes tendências:

- Com frequência, ela fica em silêncio quando alguém diz alguma coisa da qual ela discorda ou não gosta, em vez de expressar sua opinião.
- Às vezes, ela diz que concorda com alguma coisa, ainda que não concorde, porque não quer perturbar nem causar confusão.

- Com frequência, ela concorda em assumir tarefas ou fazer coisas quando lhe pedem, mesmo que não tenha tempo para isso.

Quando Angie pensa em por que age dessa maneira, ela percebe que há uma série de benefícios de curto prazo que espera obter ao agir passivamente. No curto prazo, ela muitas vezes:

- Evita confrontos e discussões.
- Evita ser criticada por outros.
- Sente que está agindo de modo altruísta ou como acredita que "deve" agir.

Quando reflete um pouco mais sobre os supostos benefícios de agir passivamente, Angie percebe que, na verdade, eles só a beneficiam no curto prazo, mas pioram ou mascaram outros problemas. Ela percebe que:

- Muitas vezes, um confronto ou discussão é apenas postergado – ela fica ressentida e é incapaz de se controlar quando o ressentimento vem à tona mais tarde, ou então os outros não sabem o que ela sente de verdade e ficam surpresos e perplexos quando ela reage de uma forma diferente.
- Outras pessoas nem sempre a respeitam por ficar em silêncio – às vezes ela é criticada por não se manifestar ou não expressar suas opiniões.
- Às vezes, quando assume tarefas demais, ela não as termina; isso faz com que seja criticada pelos outros, o que, por sua vez, a leva a sentir que os decepcionou.
- Ela raramente tem a chance de fazer coisas que quer – isso a leva a estar sempre cansada, estressada e, às vezes, sentindo-se desmotivada ou impotente.

Richard: comportamento agressivo

ESTUDO DE CASO

Richard é um profissional ambicioso e com grande potencial. No entanto, é muito arrogante. Ele coordena uma equipe e muitas vezes age de modo um tanto dominador para com eles, não levando em consideração seus pontos de vista ou opiniões. Ele confia em seu próprio discernimento (às vezes exageradamente, já que nem sempre tem razão). Richard tem uma tendência a:

- Gritar ou falar alto demais.
- Dizer às pessoas o que elas devem ou precisam fazer.
- Humilhar as pessoas ou descrever seu comportamento como inaceitável.
- Apontar defeitos nos outros com frequência.
- Apresentar suas próprias opiniões como se fossem fatos dos quais os outros não podem discordar ou não têm o direito de discordar.

Richard age agressivamente porque acredita que:

- Isso lhe poupa tempo.
- Isso garante que se tomem boas decisões.
- Isso significa que todos na equipe sabem seu papel e, portanto, podem desempenhá-lo de modo eficaz.

Richard fecha os olhos para os possíveis problemas causados por suas ações. Membros de sua equipe tendem a dizer o seguinte:

- É desagradável trabalhar com ele, porque não demonstra respeito por ninguém.
- Ele é teimoso e, como nunca ouve a opinião de ninguém, às vezes comete erros que poderia ter evitado se tivesse ouvido.
- As pessoas têm medo de falar com ele abertamente, e por isso ele não recebe todas as informações sobre questões que poderiam ser de seu interesse.

- Se ele continuar a agir dessa maneira, haverá uma alta rotatividade de funcionários em sua equipe.

EXPERIMENTE AGORA!

As pessoas nem sempre se enquadram perfeitamente em categorias. Embora você provavelmente perceba que tem uma tendência a uma das categorias de comportamento (passivo, assertivo ou agressivo), também pode conseguir encontrar exemplos em que apresentou comportamento de um dos outros tipos. Faça o exercício a seguir para explorar seus próprios padrões de comportamento com relação a cada tipo.

Explore seus padrões de comportamento

1. Comportamento passivo: Você tem uma tendência a agir passivamente, às vezes? Se sim, pense em um exemplo de situação em que você o fez.
- Que supostas vantagens você esperava obter ao agir passivamente?
- As vantagens eram reais ou apenas imaginadas?

2. Comportamento agressivo: Você tem uma tendência a agir agressivamente, às vezes? Se sim, pense em um exemplo de situação em que você agiu assim.
- Que supostas vantagens você esperava obter ao agir agressivamente?
- As vantagens eram reais ou apenas imaginadas?

3. Comportamento assertivo: Pense em uma ocasião em que você agiu assertivamente.
- Que benefícios você obteve ao agir assertivamente nessa situação?
- O que o ajudou a agir assertivamente nessa situação?

Métodos para se tornar mais assertivo

Este livro visa primordialmente a ajudar pessoas com baixa autoestima a encontrarem maneiras de elevá-la a um nível razoável. A próxima parte deste capítulo descreve dois métodos que podem ser usados para ajudá-lo a ser mais assertivo se sua baixa autoestima estiver associada a uma tendência a agir passivamente ou a se diminuir no modo como se relaciona com os outros.

Métodos de assertividade – 1. O método DEAL

Basicamente, assertividade diz respeito ao modo como você se comunica com outras pessoas e age com relação a elas, e ao modo como você lida com situações problemáticas. O primeiro método para ajudá-lo a agir mais assertivamente está relacionado com como você pode lidar com o tipo de situação em que alguém está fazendo algo que parece injusto ou está criando problemas para você, e você quer discutir a questão, mas não sabe como. Eu uso o acrônimo "DEAL" para indicar os passos que você pode tomar nessa situação. DEAL significa:

> **D**escrever (Descreva a situação ou comportamento que o está perturbando.)
> **E**xpressar (Expresse seus sentimentos e pensamentos a respeito.)
> **A**nunciar (Anuncie um pedido por mudanças razoáveis que você acha que ajudariam.)
> **L**idar (Lide com a situação, ouvindo e negociando uma solução razoável, se possível.)

O método DEAL se baseia em quatro elementos do comportamento assertivo que mencionei no início deste capítulo (página 140) – clareza, razoabilidade, honestidade e respeito.

Em particular, esse método trata de *razoabilidade*. Lembre-se de que é razoável expressar seus próprios desejos e necessidades de maneira educada, mas assertiva, e então seguir o método DEAL ao fazer isso. Abaixo, um exemplo de como você poderia usar o método para discutir uma questão difícil com alguém que conhece.

ESTUDO DE CASO

Jeanine: usando o método DEAL para ser mais assertiva

Jeanine se sente exausta e ressentida porque está tomando conta das crianças e da casa sozinha, e gostaria que seu companheiro, Simon, a ajudasse, mas está preocupada com a reação dele se tocar no assunto.

Como Jeanine poderia usar o acrônimo DEAL para ajudá-la a abordar essa questão com Simon?

Passo 1: Descreva a situação para a outra pessoa

Ao descrever a situação, normalmente ajuda se você for específico e claro, dando um exemplo do que considera ser um problema e tentando ser preciso no que diz, em vez de usar uma linguagem emotiva ou generalizada. Assim, em vez de dizer a Simon "Por que você nunca me ajuda a cuidar das crianças?", o que poderia levar a uma reação hostil, Jeanine poderia dizer, por exemplo:

> Eu estava pensando nos planos para o sábado à noite e percebi que cuidar das crianças pode criar alguns problemas para mim. Eu esperava sair com minha amiga X porque é aniversário dela, e não vou poder fazer isso se tiver de ficar em casa com as crianças.

É importante que você fale de uma forma que reflita sua maneira natural de falar – não fale de modo empolado! –, mas o ponto é tentar ser claro e específico: exponha de maneira simples e direta qual é o problema.

Passo 2: Expresse seus sentimentos e pensamentos a respeito
 Embora seus sentimentos possam ser óbvios para você, a outra pessoa não necessariamente sabe o que você sente a não ser que você diga; então, tente explicar, da melhor forma possível, como você se sente com a situação. Jeanine, por exemplo, poderia dizer a Simon:

> Eu fico magoada por você não ter oferecido ajuda nessa situação e porque estou cuidando das crianças praticamente sozinha, o que me deixa cansada. Por exemplo, na semana passada fui eu que coloquei as crianças para dormir todas as noites.

Mais uma vez, adapte as frases usadas para que correspondam a seu próprio estilo e vocabulário, seguindo estes princípios:

- Em geral, é melhor evitar linguagem extrema ou abertamente emotiva.
- Use frases simples e precisas.
- Expresse seus sentimentos e indique em que se baseiam.
- Assuma seus sentimentos – isto é, você está reconhecendo que é assim que se sente, e não afirmando que todos necessariamente se sentiriam dessa forma ou apresentando uma verdade universal.

Passo 3: Anuncie um pedido por mudanças razoáveis que você acha que ajudariam
 Mais uma vez, a pessoa com quem você está falando não é capaz de ler seus pensamentos; então, se você sabe do que gostaria, convém comunicar isso de maneira clara. Por exemplo, Jeanine poderia anunciar seu pedido a Simon especificamente:

> Você pode cuidar das crianças no sábado à noite para eu sair? Eu posso cuidar delas na sexta-feira, se você quiser sair.

Mais uma vez, ao pedir mudanças, é importante ser claro e direto sobre o que você está pedindo e, ao mesmo tempo, tentar ser educado e não personalizar excessivamente a solicitação com descrições críticas e emotivas da outra pessoa.

Se houver exemplos de situações em que a outra pessoa fez o que você gostaria que ela fizesse, uma possibilidade é começar focando em tais situações. Por exemplo, Jeanine poderia dizer:

> Na quarta-feira, foi de grande ajuda você cuidar das crianças por algumas horas. Se puder fazer isso de novo, eu agradeço.

Em nome da razoabilidade e do equilíbrio, deixe claro que você não está dizendo que a outra pessoa só tem defeitos – destaque seus aspectos positivos e especifique o que você gostaria que ela fizesse diferente, e por quê.

Passo 4: Lide com a situação, ouvindo e negociando uma solução razoável, se possível

Muitas vezes, a outra pessoa pode ver a situação de um modo diferente. Se você não comunicou suas preocupações antes ou se o fez de um modo não assertivo, ela talvez nem sequer esteja ciente de suas preocupações até que você as comunique com clareza.

Ou então é possível que, por trás do comportamento e das ações da outra pessoa, existam razões ou pensamentos que não passaram pela sua cabeça – por exemplo, Simon, o companheiro de Jeanine, pode achar que faz uma porção de coisas com as quais ela não ajuda. Uma vez que você tenha expressado seus pensamentos e sentimentos e o que gostaria, é importante verificar o que a outra pessoa pensa. Jeanine poderia fazer isso, por exemplo, simplesmente perguntando a Simon "O que você acha?" ou "Qual a sua opinião sobre isso?".

Depois que a outra pessoa tiver respondido, se ela não estiver totalmente de acordo com o que você propôs, é possível tentar explorar com ela se uma solução alternativa é viável. Na situação do exemplo, Jeanine poderia tentar explorar com Simon:

- O que é mais importante para ela na situação e o que é mais importante para ele – é possível atender às prioridades de ambos (a solução ideal)?
- Que alternativas são possíveis – por exemplo, eles poderiam conseguir uma babá para essa ocasião específica e então entrar em um acordo em planos futuros?
- De que maneiras ambos estão dispostos a ceder?

Há certas situações em que uma das partes (ou ambas) não está disposta a fazer concessões. No entanto, se você se encontra em uma situação na qual pode haver a possibilidade de algum acordo, vale a pena pensar no que você estaria disposto a ceder e em como descobrir o que a outra pessoa poderia ceder sem muito ressentimento, de modo que vocês possam chegar a uma solução mutuamente aceitável. Em essência, trata-se de desenvolver habilidades de negociação. A seguir há algumas dicas de negociação para ajudá-lo a refletir.

Dicas de negociação: como se preparar para chegar a um acordo razoável

As dicas a seguir foram concebidas para orientá-lo sobre como se preparar para uma discussão ou negociação eficaz em torno de uma questão em que há dois ou mais pontos de vista:

1. Identifique para si mesmo que coisas está preparado para ceder e que coisas não está disposto a ceder porque são muito importantes para você.
2. Usando seu conhecimento acerca do comportamento e da personalidade da pessoa com quem você vai discutir/negociar, reflita antecipadamente sobre o que ela pode pedir e como pode responder.

3. Esteja preparado para escutar o que a outra pessoa tem a dizer, mas também pense em como garantir a oportunidade de comunicar seu ponto de vista e seus sentimentos – em alguns casos, pode ser útil, no início da discussão, propor à outra pessoa que cada uma tenha alguns minutos para expressar suas opiniões sem interrupção.
4. Pense em formas de tentar fazer a discussão avançar depois que ambos tenham expressado seus pontos de vista – por exemplo, você pode resumir as diferenças e similaridades na opinião de cada um e então tentar, junto com a outra pessoa, explorar as diferentes soluções possíveis e quais seriam as vantagens e desvantagens para cada um de vocês.
5. Com relação às coisas que você estaria disposto a ceder, pense em sugestões que poderia fazer à outra pessoa sobre o que gostaria de receber em troca, caso faça essas concessões.
6. Com relação às coisas das quais você não quer abrir mão, tenha clareza em sua mente sobre quais poderiam ser as consequências se a outra pessoa ainda se recusar a atender às solicitações "inegociáveis" e o que você fará nessa situação.
7. Na maioria dos casos, espera-se chegar a um acordo produtivo. No entanto, se suas solicitações inegociáveis não forem atendidas, esteja preparado para agir do modo como decidiu de antemão (conforme o item 6). Se não estiver preparado para levar a cabo esse compromisso, talvez conclua que, na verdade, o que havia considerado "inegociável" ou "imprescindível" não passa de uma preferência acentuada. É melhor ter clareza disso de antemão, se possível.

No estudo de caso de Jeanine apresentado anteriormente, você pode ver que, no passo 3 (peça mudanças razoáveis), já há um exemplo de como o item 5 nas dicas de negociação poderia ser usado em sua situação para propor um possível acordo em que ela se oferece para cuidar das crianças na sexta-feira se Simon cuidar delas no sábado. Outros itens das dicas de negociação anteriores, como o item 3, também podem ser vistos nos pensamentos de Jeanine sobre como ela poderia expressar seus pensamentos e sentimentos usando os passos 1 a 3 do método DEAL.

O item 6 das dicas de negociação destaca que é importante estar ciente do que você fará (ou não) se a outra pessoa não lhe der o mínimo do que você gostaria. Com sorte, você não precisará implementar isso, mas é importante que esteja claro em sua mente.

Se conseguir chegar a um acordo com a outra pessoa, então, para evitar mal-entendidos, confirme com ela o que é e esclareça quaisquer nuances – em uma situação formal, você talvez queira colocar o acordo no papel e participá-lo à pessoa, se for o caso.

Se não conseguir chegar a um acordo com a outra pessoa, considere quais as implicações disso para o relacionamento (se houver) e que escolhas você tem para o futuro.

EXPERIMENTE AGORA!

Use o método DEAL para discutir um problema

Faça o exercício a seguir para ajudá-lo a se preparar para abordar um assunto que o preocupa com alguém que conhece:

1. *Descreva* **(Descreva a situação.)**

Siga os princípios descritos anteriormente para formular uma ou duas frases que você poderia usar ao descrever a situação que o preocupa. A descrição deve ser o mais breve e clara possível e expressada na primeira pessoa (isto é, começando com "eu").

2. *Expresse* **(Expresse seus sentimentos e pensamentos sobre a situação.)**

Agora, siga os princípios descritos anteriormente para formular uma ou duas frases que você poderia usar para comunicar como se sente a respeito da situação.

3. *Anuncie* (Anuncie um pedido por mudanças razoáveis que você acha que ajudariam.)

Em seguida, escreva em uma ou duas frases a solicitação que você gostaria de fazer, ou uma possível proposta que você acha que melhoraria a situação.

4. *Lide* (Lide com a situação, ouvindo e negociando uma solução razoável, se possível.)

Releia as dicas de negociação nas páginas 150-152 e destaque os itens relevantes para você ao tentar chegar a um acordo ou solução. Anote as dicas particularmente relevantes em sua situação e como você pode aplicá-las.

MÉTODOS DE ASSERTIVIDADE – 2. O MODELO STAR

O segundo método para melhorar a assertividade eu chamo de modelo STAR. É particularmente útil para situações que parecem ter um tipo de padrão repetitivo em sua vida, em que você percebe ter pensamentos negativos ou ansiosos de caráter recorrente que o impedem de agir de maneira positiva ou como gostaria.

No capítulo 2, apresentei alguns dos principais conceitos da terapia cognitivo-comportamental (TCC), incluindo o modelo ABC concebido por Albert Ellis para lidar com sentimentos problemáticos criados por crenças ou padrões de pensamento distorcidos. O modelo STAR que concebi baseia-se nos princípios da TCC, mas acrescenta uma dimensão aos conceitos iniciais de Ellis ao trazer à tona *ações*, além de pensamentos e sentimentos. Isso é particularmente útil para questões de assertividade porque, muitas vezes, o que você quer alcançar quando está tentando ser mais assertivo é *agir* de um modo diferente.

O modelo STAR analisa os aspectos de uma situação problemática, representando-os no acrônimo "STAR" e, graficamente, em uma estrela de quatro pontas:

Situação:
   Qual é a situação ou tipo de situação específico que pode gerar ansiedade para você?
Tanto pensamentos quanto sentimentos:
   Que pensamentos passam por sua cabeça e o que você diz a si mesmo na situação?
Ações:
   Como você costuma agir na situação, em resposta a ela e em resposta a seus pensamentos e sentimentos?
Resultados:
   Normalmente, quais são os resultados de suas ações para você, em termos práticos e no que concerne a como você se sente depois?

O modelo STAR

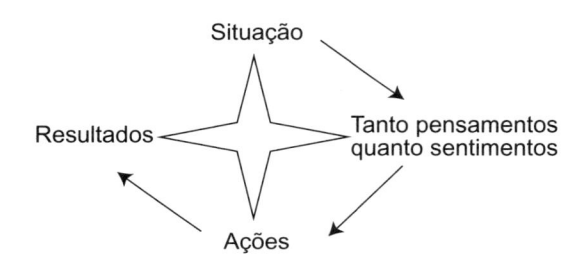

Usar o modelo STAR envolve quatro passos:

Passo 1: Descreva uma situação-problema típica usando o acrônimo STAR

Analise a situação nos seguintes termos:
Qual é a **situação** em que o problema surge
Quais são **tanto seus pensamentos quanto seus sentimentos** típicos nessa situação
Como você **age** (ou evita agir)

Quais são os **resultados**, tanto em termos práticos quanto em seus pensamentos e sentimentos resultantes.

Passo 2: Estabeleça possíveis alternativas construtivas
Anote coisas que você poderia experimentar para ajudá-lo a lidar com os problemas em potencial associados a algum dos pontos acima. Pense também em como você pode se recompensar cada vez que implementar uma das alternativas construtivas no futuro, como um incentivo para continuar fazendo isso!

Passo 3: Escolha que opções experimentar
Pondere as vantagens e desvantagens de cada uma das alternativas construtivas que você anotou no passo 2 e escolha uma ou mais para experimentar.

Passo 4: Experimente as opções escolhidas e monitore o sucesso
Mantenha um registro do que acontece quando você experimenta alguma das opções. Continue com as opções propostas se forem úteis ou adapte-as se isso parecer razoável. A ideia é aprender com o que funciona e o que não funciona e adaptar e aprimorar suas técnicas para lidar com a situação conforme seja o caso.

ESTUDO DE CASO

Selima: usando o modelo STAR

Selima tem baixa autoestima. Ela duvida de suas próprias habilidades e acha que os outros devem vê-la como alguém que não tem muito a contribuir para as discussões. Em seu trabalho, ela precisa participar de reuniões com frequência. Quando participa de uma, teme dizer algo estúpido e, por isso, não fala muita coisa. O resultado final é que ela frequentemente se critica por não contribuir para a reunião, e sua baixa autoestima é reforçada. Selima usa o modelo STAR para ajudá-la a lidar com esse padrão de comportamento nas reuniões e com os pensamentos autocríticos resultantes.

Passo 1: Descreva a situação usando o acrônimo STAR

Situação:
Participar de reuniões no trabalho.

Tanto pensamentos quanto sentimentos:
(Pensamentos)
"E se eu fizer papel de idiota?"
"Eles são todos mais inteligentes do que eu."
"Eu nunca consigo falar bem em reuniões. Sempre acabo dizendo alguma coisa estúpida ou esquecendo o que queria dizer."
(Sentimentos)
Muito ansiosa e nervosa ao ponto de entrar em pânico.

Ações:
Normalmente, falo muito pouco em reuniões, porque fico aturdida.
De vez em quando consigo dizer alguma coisa, embora não tanto quanto acho que deveria.

Resultados:
(Práticos)
A reunião termina sem eu ter dito muita coisa e eu não assimilo bem o que foi dito.
Outras pessoas normalmente não fazem nenhum comentário.
(Pensamentos e sentimentos)
Eu me pergunto se todos pensam em como fui idiota na reunião.
Eu me sinto patética e um fiasco.

Passo 2: Estabeleça possíveis alternativas construtivas

Situação – alternativas construtivas:
- Se possível, tentar ir à reunião com um colega que me apoie.

- Ler as estratégias listadas a seguir antes de ir a uma reunião, para estar mais preparada.
- Praticar um exercício de visualização positiva para me ajudar a construir autoconfiança antes das reuniões (Observação: informações sobre como praticar visualização positiva são fornecidas posteriormente neste capítulo, nas páginas 159-160).

Tanto pensamentos quanto sentimentos – alternativas construtivas:
   Ter em mente que:
- Eu não sou idiota. É só que reuniões me deixam particularmente ansiosa. Posso tentar superar isso mantendo a calma e não exagerando meus defeitos.
- Ninguém é perfeito. Não há nada de errado em ter dificuldade para algumas coisas. Posso tentar tornar tudo mais fácil focando em superar os primeiros dez minutos da reunião, depois os dez minutos seguintes e assim por diante, passo a passo.
- Algumas das pessoas talvez pensem que não sou muito inteligente, mas outras me conhecem melhor, e algumas não se importam, já que têm seus próprios problemas com que se preocupar.
- Vou tentar me concentrar durante 50% do tempo – já é um avanço!

Ações – alternativas construtivas:
- Durante a reunião, tentar falar pelo menos uma vez. Tratar qualquer coisa além disso como um bônus.
- Parabenizar a mim mesma cada vez que eu superar mais dez minutos da reunião.
- Durante a reunião, lembrar que as outras pessoas podem estar mais preocupadas consigo mesmas.
- Se eu ficar aturdida e disser alguma coisa que considere idiota, lembrar que todo mundo comete erros às vezes e que estou fazendo o melhor que posso.

Resultados – alternativas construtivas:
Depois que a reunião terminar, não posso voltar no tempo e mudar o que aconteceu se não estiver satisfeita. No entanto, eu posso:
- Refletir sobre o que saiu bem e o que poderia melhorar e fazer uma nota do que posso fazer diferente da próxima vez e do que posso me orgulhar dessa vez.
- Lembrar que fiz o melhor que pude e que reuniões simplesmente não são o meu forte.
- Tirar a ansiedade da cabeça fazendo algo completamente diferente.

Passo 3: Escolha que opções experimentar

Depois de ponderar a viabilidade e as possíveis consequências de tentar implementar as alternativas construtivas, Selima decide, em primeiro lugar, experimentar a opção de praticar um exercício de visualização positiva e as alternativas construtivas relacionadas com "pensamentos e sentimentos" e "ações" para o que pode dizer a si mesma antes e durante as reuniões das quais participa.

Passo 4: Experimente as opções escolhidas e monitore o sucesso

Selima experimenta as opções escolhidas e registra os resultados:
Período monitorado: Mês de setembro
Opção escolhida: Visualização positiva (ver página 159)
Registro do que aconteceu: No início, eu estava um pouco cética com relação a isso, mas experimentei a técnica de visualização antes de duas reuniões. Sem dúvida, me ajudou a me sentir mais confiante e a agir com mais segurança nas reuniões e a expressar meu ponto de vista quando, não fosse por isso, eu possivelmente não teria me manifestado. No entanto, sinto que preciso praticar mais para me beneficiar ao máximo dessa técnica.

Estratégia atualizada: Continuar com essa estratégia, mas tentar praticar visualizações positivas duas vezes antes de uma reunião importante, em vez de uma única vez, se eu tiver tempo, até me sentir mais confortável.

Opção escolhida: Usar o "monólogo" construtivo identificado com relação *tanto a pensamentos quanto a sentimentos* e as minhas *ações*
Registro do que aconteceu: Eu me sinto melhor ao perceber que não preciso ser perfeita e que outras pessoas podem não estar prestando tanta atenção em mim quanto imagino. Ainda fiquei nervosa antes de uma reunião da qual participei e não falei tanto quanto outras pessoas, mas consegui fazer duas contribuições que as pessoas apreciaram e tenho orgulho disso.
Estratégia atualizada: Continuar com o "monólogo" antes e durante as reuniões para me manter motivada. Também decidi me recompensar quando encaro uma reunião difícil, saindo para um almoço agradável com um colega de trabalho depois dela!

VISUALIZAÇÃO POSITIVA

Se você tiver dificuldade de acreditar que será capaz de realizar certas tarefas de modo eficaz, pode praticar a visualização positiva para ajudá-lo a se preparar para elas. No exemplo anterior, Selima usou a técnica para ajudá-la a se preparar para reuniões. Você também pode usá-la antes de uma entrevista de emprego ou uma apresentação, ou muitas outras situações que o deixam nervoso.

Para fazer seu exercício de visualização positiva:

1. Encontre um lugar tranquilo onde você possa praticar a visualização sem distrações.
2. Faça um exercício de relaxamento por alguns minutos até entrar em um estado de ânimo calmo (ver páginas 104-106).

3. Imagine-se entrando na situação e iniciando a tarefa com a qual está ansioso. Use todos os seus sentidos para ajudar com a visualização: imagine como é o ambiente à sua volta, que sons há, quaisquer aromas ou sabores ou sensações relacionadas ao tato.
4. Agora imagine-se começando a realizar a tarefa de modo eficaz, confiante e exitoso. Se ajudar, imagine que está realizando a tarefa da mesma forma que alguém que você conhece e que é bom nisso faria, ou foque em um modelo positivo que você admira e imagine-se agindo como ele.
5. Se começar a se sentir nervoso em algum momento do processo, acalme-se focando em sua respiração. Tranquilize-se dizendo para si mesmo que tudo bem ficar nervoso, e então concentre-se novamente na tarefa.
6. Imagine algumas situações possivelmente problemáticas que poderiam desconcertá-lo – algum acontecimento inesperado, ou algum pensamento negativo invadindo sua mente. Quando isso acontecer, lembre-se de pensamentos equilibrados que possam ajudar a colocar os pensamentos negativos em perspectiva (ver capítulo 2) e imagine-se permanecendo calmo, sendo capaz de lidar com a dificuldade e passando para a próxima etapa da tarefa.
7. Imagine-se concluindo a tarefa com sucesso, apesar dos problemas, e colhendo os benefícios no final. Imagine os aspectos positivos que surgirão no fim do processo – como seus próprios sentimentos de positividade e relaxamento e o feedback positivo de outras pessoas.

EXPERIMENTE AGORA! Se você tem uma situação-problema recorrente que reforça sua baixa autoestima, use o método do modelo STAR para analisar a situação e modificar o modo como lida com ela. Se for útil e relevante, experimente praticar a visualização positiva antes de implementar as estratégias que escolher.

Principais ideias do capítulo 5

Algumas das principais ideias do capítulo 5 são:

- Representar-se significa agir de maneira assertiva, em vez de passiva ou agressiva.

- Agir de maneira assertiva envolve expressar suas próprias necessidades, desejos e sentimentos claramente e de um modo construtivo, que também permita aos outros se expressarem.

- O método DEAL é uma forma de ajudá-lo a discutir uma questão problemática com alguém. DEAL significa:
  Descrever (Descreva a situação ou comportamento que o está perturbando.)
  Expressar (Expresse seus sentimentos e pensamentos a respeito.)
  Anunciar (Anuncie o pedido por mudanças razoáveis que você acha que ajudariam.)
  Lidar (Lide com a situação, ouvindo e negociando uma solução razoável, se possível.)

- O modelo STAR é uma forma de abordar padrões ansiosos que podem estar impedindo você de agir de maneira assertiva. STAR significa:
  Situação (Qual é a situação em que o problema costuma surgir?)
  Tanto pensamentos quanto sentimentos (Quais são seus pensamentos e sentimentos nessa situação?)
  Ações (Como você tipicamente age – ou evita agir?)
  Resultados (Quais são os resultados – tanto em termos práticos quanto no que concerne a seus pensamentos e sentimentos resultantes?)

Uma vez que você tenha analisado uma situação usando o modelo STAR, estabeleça possíveis alternativas construtivas para cada aspecto, escolha algumas opções para experimentar e monitore seu sucesso.

- Você pode usar a visualização positiva para ajudá-lo a se preparar de modo mais eficaz para ocasiões ou tarefas intimidadoras específicas.

Conclusão: Prosseguindo em sua jornada rumo à autoestima

Acabamos de cobrir as cinco áreas do acrônimo VALOR para ajudá-lo em sua jornada rumo a um nível razoável de autoestima:

Valorize-se
Aceite-se
Levante-se
Observe-se
Represente-se

Cada capítulo trouxe exercícios e dicas para experimentar. Agora que terminou de ler, talvez ache útil refletir sobre o que foi de mais valia para você das ideias que apresentei, para que possa colocá-las em prática da maneira mais útil e proveitosa.

Se você está disposto a melhorar ainda mais sua autoestima, porque não criar um plano de projeto para ajudá-lo a alcançar esse objetivo, focando nas ideias que acredita terem mais probabilidade de ajudá-lo pessoalmente? Você pode criar seu plano de projeto fazendo o seguinte:

Passo 1: Avalie seu nível atual de autoestima

Responda a um questionário relacionado com autoestima, como a Escala de Autoestima de Rosenberg (página 167).

Faça uma lista de alguns resultados que você gostaria de alcançar: eles podem incluir itens diretamente relacionados à Escala de Autoestima de Rosenberg, tais como "aprender a ter uma atitude mais positiva para comigo mesmo" ou "reconhecer minhas qualidades", ou podem incluir outras questões importantes relacionadas à sua autoestima que você queira abordar.

Passo 2: Estabeleça para si mesmo algumas ações específicas para experimentar ou exercícios para fazer

Repasse as partes do livro que acredita terem mais probabilidade de ajudá-lo a alcançar seus objetivos e escolha um pequeno número de ideias, exercícios ou ações específicas para experimentar no decurso das próximas duas semanas.

Determine quando você vai experimentar as ideias, exercícios ou ações. Com relação a isso, estabeleça objetivos inteligentes – "SMART":

Singulares
Mensuráveis
Alcançáveis
Realistas e relevantes (para o que você está tentando alcançar)
Tempo definido (diga quando você vai realizar uma ação ou exercício e quantas vezes ou por quanto tempo)

Passo 3: Registre suas ações por escrito em um plano de projeto

- Anote seu comprometimento e planeje-o com metas claras – pesquisas demonstraram que isso ajuda as pessoas a se aproximarem de seus objetivos.
- Dê a seu plano de projeto um nome que signifique algo para você – idealmente, o nome resume uma mudança em seu comportamento ou modo de pensar que você acha que o ajudará a avançar rumo a seu objetivo (você poderia, por exemplo, batizá-lo de *Valorize-se*, ou *Equilíbrio*, ou *Lisa Assertiva*, ou *Olavo, o Bravo*, ou ainda *Brilhe!* – quanto mais pessoal o nome for para você, melhor; o importante é encontrar uma denominação que seja útil e ajude a motivá-lo).
- Mantenha o projeto e o nome do projeto em sua consciência – por exemplo, lendo o plano do projeto diariamente ou colocando o

nome do seu projeto em algum lugar que você veja com frequência. Se quiser, também pode usar estratégias criativas para recordar seu projeto, como desenhar uma imagem de você fazendo uma ação presente no plano de projeto, ou guardar uma foto de alguém ou alguma coisa que possa inspirá-lo a realizar seu projeto!

Passo 4: Aja de acordo com seu plano

- Tente implementar as ações em seu plano de projeto e registre seu progresso.
- Atualize seu plano de projeto em intervalos regulares (por exemplo, toda semana ou a cada duas semanas, inicialmente), incluindo novas ações ou se comprometendo a continuar com as ações existentes, se for o caso.
- Tente adotar uma atitude experimental e pragmática. Se algo em seu plano funcionar, a não ser que exista uma boa razão para não fazê-lo, repita até que deixe de ser necessário; se alguma coisa em seu plano não parece funcionar, não seja excessivamente autocrítico – simplesmente se pergunte qual seria o motivo, que ajustes você pode fazer para que seja mais exequível, ou se seria melhor substituí-la por outra ação.

Passo 5: Avalie seu progresso

- Após um período razoável (digamos, três meses), avalie o quanto você avançou repetindo o questionário inicial sobre autoestima para ver se alguma de suas respostas mudou.
- Reflita sobre as ações que você tomou e se elas o ajudaram a avançar rumo aos resultados desejados.
- Depois de fazer isso, atualize seu plano de projeto e os resultados, se necessário.

DICA ÚTIL

Se as ações que você estabeleceu em seu plano lhe parecem tediosas ou difíceis, você talvez se sinta motivado caso dê a si mesmo uma pequena recompensa (por exemplo, algumas horas fazendo algo de que gosta) cada vez que atingir um certo número de ações ou realizar uma tarefa particularmente tediosa ou difícil.

EXPERIMENTE AGORA!

Aqui está um formato simples que você pode usar para seu plano de projeto. Se quiser adaptar o formato para torná-lo mais interessante para você, faça isso! Sinta-se livre para ser criativo:

Projeto: *[INSIRA UM NOME MOTIVADOR PARA O PROJETO]*
Seu nome:
Data de início do projeto:
Resultados a esperar (no médio prazo):
-
-
-
-

Ações/exercícios a fazer ....
....

Quando realizá-los ....
....

Registro do progresso ....
....

Boa sorte em sua jornada – e, se conseguir, encare-a com um espírito de aventura!

Apêndice:
A Escala de autoestima de Rosenberg

A seguir há uma lista de afirmações sobre seus sentimentos gerais acerca de si mesmo. Para cada afirmação, se você concorda plenamente, circule CP. Se simplesmente concorda, circule C. Se discorda, circule D. Se discorda plenamente, circule DP.

1. "Sinto que tenho valor, pelo menos tanto quanto outras pessoas."
   CP   C   D   DP

2. "Sinto que tenho uma série de boas qualidades."
   CP   C   D   DP

3. "De modo geral, tendo a achar que sou um fracasso."
   CP   C   D   DP

4. "Sou capaz de fazer coisas tão bem quanto a maioria das outras pessoas."
   CP   C   D   DP

5. "Sinto que não tenho muito do que me orgulhar."
   CP   C   D   DP

6. "Adoto uma atitude positiva para comigo mesmo."
   CP   C   D   DP

7. "De modo geral, estou satisfeito comigo mesmo."
   CP   C   D   DP

8. "Eu gostaria de ter mais respeito por mim mesmo."
   CP   C   D   DP

9. "Às vezes me sinto inútil."
   CP   C   D   DP

10. "Às vezes acho que não presto para nada."
    CP   C   D   DP

Fonte: Rosenberg, Morris 1989. *Society and the Adolescent Self-Image.* Edição revisada, Middletown, CT: Wesleyan University Press.

Concebida pelo Dr. Morris Rosenberg, a escala foi usada inicialmente para avaliar a autoestima de um grupo de mais de 5 mil alunos de ensino médio em Nova York. Desde então, tem sido amplamente usada em vários lugares e contextos, com grupos de diferentes perfis, incluindo participantes adultos e crianças, homens e mulheres.

Como pontuar suas respostas à Escala de autoestima de Rosenberg

Cinco das perguntas focam em auto-observações com as quais você tenderá a concordar plenamente se tiver autoestima elevada.

As outras cinco perguntas focam em auto-observações com as quais você tenderá a concordar plenamente se tiver baixa autoestima.

Portanto, use o seguinte sistema para pontuar suas respostas:
Para as perguntas 1, 2, 4, 6 e 7: CP=3, C=2, D=1, DP=0
Para as perguntas 3, 5, 8, 9 e 10: CP=0, C=1, D=2, DP=3

Como usar a Escala de autoestima de Rosenberg

A pontuação mais baixa que você pode obter na Escala de autoestima de Rosenberg é zero (o que indicaria um nível muito baixo de autoestima). A pontuação mais alta que você pode obter é 30. A maioria das pessoas fica em algum lugar intermediário! Não há regras gerais sobre o que seria uma pontuação "normal" (isso pode variar dependendo do grupo-alvo) e nem que nível conta como autoestima "elevada" e que nível conta como "baixa" autoestima.

Se você está usando o teste como uma ferramenta para ajudá--lo a avaliar sua autoestima (ou a de outra pessoa) como parte de um programa de autodesenvolvimento, pode usá-lo antes de começar o programa e depois de um intervalo apropriado – tal como a conclusão de um aspecto importante do programa ou do programa inteiro – para verificar se o programa o ajudou a melhorar sua autoestima.

Leituras recomendadas

Os livros listados a seguir, em ordem alfabética, fornecem informações úteis sobre possíveis abordagens à autoestima.

Overcoming Low Self-Esteem: A Self-Help Guide Using Cognitive Behavioral Techniques, de Melanie Fennel (Robinson, 2009).

Self-Esteem: A Proven Program of Cognitive Techniques for Assessing, Improving and Maintaining Your Self-Esteem, de Matthew McKay e Patrick Fanning (New Harbinger Publications, 2000).

Self-Esteem: Research, Theory and Practice, de Chris Mruk (Free Association Books, 1999).

Self-Esteem: The Costs and Causes of Low Self-Worth, de Nicholas Emler (Joseph Rowntree Foundation, 2001).

Ten Days to Self-Esteem, de David D. Burns (Harper, 1993).

The Myth of Self-Esteem: How Rational Emotive Behavior Therapy Can Change Your Life Forever, de Albert Ellis (Prometheus Books, 2005).

The Self-Esteem Journal: Using a Journal to Build Self-Esteem, de Alison Waines (Sheldon Press, 2004).

Autoestima e os seus seis pilares, de Nathaniel Branden (Editora Saraiva, 1998).

Women and Self-Esteem: Understanding and Improving the Way We Think and Feel About Ourselves, de Linda Tschirhart Sanford e Mary Ellen Donovan (Penguin Books Ltd, 1993).

PÁGINA DO AUTOR NA INTERNET

Informações sobre coaching de vida e e-books sobre uma variedade de tópicos de autoajuda, como ansiedade, assertividade, mudança de vida e técnicas de terapia cognitivo-comportamental, podem ser encontrados na página de coaching de vida de David Bonham-Carter na internet:

www.davidbonham-carter.com

Índice remissivo

A

ABC das emoções 57-58
abordagem da exposição gradual 129-130
acrônimo ACEITE 67-68, 79, 86
adivinhação 72, 77
admitindo a baixa autoestima 121-122
afirmações 13, 25-28, 30-34, 50, 52, 64, 72-73, 75-76, 94, 124, 140, 167
afirmações específicas 27
afirmações realistas 27
aparência física 55-56
aparência física, aceitando a 55-56
arrogância 16-17, 53
atenção plena 130-131, 133, 137
atividade física e sono 102
atividades prazerosas 100
autoaceitação condicional vs. autoaceitação incondicional 51
autoaceitação incondicional 51-54, 57
　benefícios 51
　desvantagens 53
autoconsciência 9, 40, 122, 130, 133
autocrítica 54, 60, 69, 121
autodepreciação 75
autoestima elevada 16-17, 112, 168
auto-observação imparcial 56

B

baixa autoestima 9-10, 12, 15-20, 24, 30, 33, 50, 52, 62-63, 73, 80, 88-89, 92, 95, 99, 101, 106, 108-111, 117, 120-121, 126-130, 137-138, 142, 146, 155, 160, 168
　causas 10, 110
　e pensamentos negativos 9-11, 26-27, 30, 61-65, 67, 69-70, 79-81, 84, 86-87, 97, 101, 104, 121, 130-133, 153, 160
　supostas vantagens 127-128, 145
Bannister, Roger 37
Beck, Dr. Aaron 62-63, 69, 86, 99, 129
benefícios da autoestima 18
Bhagavad Gita, O 138
Branden, Nathaniel 16, 55
Burns, David 52

C

cafeína 102, 106-107
características, identificando 122-123
catastrofização 72
causas da baixa autoestima, identificando 10, 110
comportamento agressivo 139, 145

comportamento assertivo 140-141, 146
comportamento não verbal 141
comportamento passivo 138-139, 142
comportamento passivo-agressivo 139
concessões 150-151
conquistas, apesar das crenças limitantes 34
conversas interiores 41
correr uma milha em 4 minutos ou menos 37
crenças limitantes 10, 36, 38-46, 50, 115, 117
   sobre outras pessoas 39

D

depressão 12, 34, 62, 101
Descartes, René 9
diário 30, 79-82, 84-85, 87, 133-137
   autocondenação 57
   de coisas positivas 34-35
   questionamento 59
   vs. pensamentos equilibrados 48, 65, 67, 69-70, 79, 82, 86, 93, 119, 137, 160
Diário de Coisas Positivas 34-35
discriminação 111-113, 137

E

Ellis, Albert 51-53, 55, 57-59, 61-62, 69, 75, 80, 86, 153
Epiteto 61
Escala de Autoestima de Rosenberg 12-14, 163, 168
estado de ânimo, melhorando 84-85
estereótipos 113

estilo de vida 92-93, 96, 122
   saudável 92, 96
exigir demais de si mesmo e de outros 74

F

fórmula da autoestima 85
futuro, visão negativa do 38

G

generalizações 37
gênero 111-113, 115, 117, 137

H

Hanh, Thich Nhat 131, 133
hierarquia de necessidades 89

I

imagem corporal e autoaceitação 55
imagens, afirmações como 31
indícios que corroborem as afirmações 32
insegurança 16, 49
insônia 101

J

James, William 85
juízos de valor 28
julgando a si mesmo 37

K

Kabat-Zinn, Dr. Jon 131

L

Lao-Tsé 9
lazer 95
leitura de pensamentos 71
lembretes de afirmações 19

M

Maslow, Abraham 89-91
meditação 9, 57, 130-133
memórias
　de mensagens negativas 117-120
mensagens negativa e positiva 118-119
método de assertividade DEAL 146-147, 152, 161
método de assertividade STAR 153-156, 160-162
método SMART 164
monólogo interior 159
motivação 17, 86, 89, 96-97, 99, 104
Mruk, Chris 112

N

necessidades básicas 90
necessidades de crescimento 90
necessidades de deficiência 90
necessidades, hierarquia de 89
negatividade
　ABC das emoções 57-58
　e padrão de pensamento distorcido 76
negociação 150-153
Niebuhr, Reinhold 51

O

outras pessoas
　crenças limitantes sobre 39

P

padrões de pensamento distorcidos 71, 121, 153
pensamentos ansiosos 45, 97
pensamentos automáticos 62
pensamentos equilibrados 48, 65, 67, 69-70, 79, 82, 86, 93, 119, 137, 160
pensamentos negativos 9-11, 26-27, 30, 61-65, 67, 69-70, 79, 80-81, 84, 86-87, 97, 101, 104, 121, 130-133, 153, 160
pensamentos positivos, registrando 79
plano de projeto 163-166
polarização ("tudo ou nada") 71
pontos fortes, identificando 94
pontos fracos, identificando 93
preocupações e insônia 101
prepotência 16-17, 53
prescrições 37, 55, 75
previsões negativas 72
prioridades, estabelecendo 91
programação neurolinguística 79
programa de atividades 98-100
pseudo-autoestima 16

Q

questionar a si mesmo 59

R

raciocínio emocional 75
relacionamentos, crenças limitantes em 10, 11, 17-18, 32, 39-40, 45-46, 51, 55, 61, 81, 83, 85, 90, 113, 125, 127, 142
rotinas 82, 94, 97, 102, 104, 106, 132
rotulação 73, 114
rótulos negativos 73

S

sexualidade 113
Shakespeare, William 108

Sócrates 9
sono 90, 92, 101-104
sucesso 51, 52, 55, 85-86, 99, 100, 112-113, 116, 123, 155, 158, 160, 162

T

técnica da seta descendente 43-44
técnicas de relaxamento 104
terapia cognitivo-comportamental (TCC) 11, 58, 61-62, 64, 153
terapia racional 62

terceira pessoa, pensando em si mesmo na 56
tradições budistas 131
tradições hindus 130

V

valores, identificando em si mesmo 121
Van Gogh, Vincent 15
visualização positiva 157-160, 162

W

Waines, Alison 136
Weil, Simone 88

Sobre o autor

David Bonham-Carter é coach de vida e escritor de autoajuda, especializado em auxiliar as pessoas a lidarem com dificuldades relacionadas a autoestima, ansiedade e assertividade. Durante muitos anos, David atuou no Reino Unido como assistente social, ajudando pessoas dos mais variados contextos a realizarem mudanças positivas em suas vidas por meio de um trabalho presencial, antes de iniciar sua prática de coaching de vida em Bristol. Ele é mestre em Assistência Social pela Universidade de Kent (aprovado com louvor) e mestre em Filosofia pela Universidade de Bristol. Tem particular interesse pelo uso de técnicas da terapia cognitivo-comportamental (TCC) para ajudar as pessoas a desenvolverem a autoestima e a habilidade de serem assertivas e escreveu uma série de guias para lidar com dificuldades cognitivas e emocionais específicas. Mais informações sobre seus serviços de coaching de vida e seus guias práticos de autoajuda estão disponíveis em seu website: www.davidbonham-carter.com.

David gostaria de agradecer a Denise por seus comentários úteis e contundentes sobre o manuscrito deste livro.

Notas

Você pode usar estas páginas para fazer suas próprias anotações sobre os exercícios propostos no livro.

Notas

Notas

Notas

Notas

Notas

Notas

Notas

IMPRESSÃO:

Gráfica Editora Pallotti
Santa Maria - RS - Fone/Fax: (55) 3220.4500
www.pallotti.com.br